suhrkamp taschenbuch 2845

Die Beachtung, die der »Islam« seit der islamischen Revolution im Iran 1979 erfährt, steht oft in krassem Mißverhältnis zum Kenntnisstand derer, die sich zu Äußerungen berufen fühlen. Dieses Buch ist eine Möglichkeit, sich die erforderlichen Grundkenntnisse in knapper und verständlicher Form anzueignen. In Gesprächen mit sieben IslamwissenschaftlerInnen werden die aktuellen Diskussionen erläutert und verschiedene Entwicklungen innerhalb islamischer Gesellschaften dargelegt. Im Mittelpunkt dieser sachkundigen Einführung steht die islamische Moderne; historische Ausflüge dienen der Nachzeichnung der religiösen und gesellschaftlichen Ursprünge.

Die Gespräche gehen auf eine Sendereihe des Deutschlandradios Köln im Januar und Februar 1996 zurück.

Der Islam

Eine Einführung durch Experten

Christoph Burgmer spricht mit
Reinhard Schulze, Baber Johansen,
Yann Richard, Gudrun Krämer,
Annemarie Schimmel, Faruk Şen
und Gernot Rotter

Suhrkamp

Umschlagfoto: Klaus Bossemeyer/Bilderberg

suhrkamp taschenbuch 2845
Erste Auflage 1998
© Verlag Donata Kinzelbach Mainz 1996
Lizenzausgabe mit freundlicher Genehmigung
des Verlags Donata Kinzelbach Mainz 1996
Suhrkamp Taschenbuch Verlag
Alle Rechte vorbehalten, insbesondere das
des öffentlichen Vortrags, der Übertragung
durch Rundfunk und Fernsehen
sowie der Übersetzung, auch einzelner Teile.
Satz: IBV Satz- und Datentechnik, Berlin
Druck: Nomos Verlagsgesellschaft, Baden-Baden
Printed in Germany
Umschlag nach Entwürfen von
Willy Fleckhaus und Rolf Staudt

1 2 3 4 5 6 – 03 02 01 00 99 98

Inhalt

Reinhard Schulze
Die islamische Moderne 7

Baber Johansen
Das islamische Recht in der Moderne 24

Yann Richard
Von der Religion zur Revolution: Der Schiismus 38

Gudrun Krämer
Islam und Menschenrechte 53

Annemarie Schimmel
Der Sufismus 68

Faruk Şen
Der Islam in Europa 82

Gernot Rotter
Das Islambild im Westen
und das islamische Bild vom Westen 97

Die Autorinnen und Autoren 111

Reinhard Schulze

Die islamische Moderne

Christoph Burgmer:
In aktuellen Debatten spricht man immer wieder von »islamischer Kultur«, vom »islamischen Orient«, vom »islamischen Morgenland«, von »islamischer Zivilisation«, von »islamisch geprägten Ländern« oder ganz allgemein von »dem Islam«. Was ist damit gemeint, wenn nicht die geographische oder religiöse Verbreitung des Islam?

Reinhard Schulze:
Wenn wir heute vom Islam sprechen, dann setzen wir diesen Begriff eigentlich gleich mit islamischer Welt, mit islamischer Kultur. Eine Welt, in der bestimmte gemeinsame kulturelle Erscheinungen und Merkmale geteilt werden. Also eine Welt, die sich durch ein gemeinsames kulturelles Bekenntnis zu einer islamischen Religion auszeichnet.

Welches gemeinsame kulturelle Bekenntnis ist das?

Im Grunde ist es das Sich-Berufen auf die Gründung der islamischen Religion im 7. Jahrhundert, auf die Stiftung der Religion an den Propheten Muhammad[1] durch den Koran[2]. Diese Prophetie und der Koran selbst bilden den Hintergrund, auf den sich dann im Grunde alle kulturellen Er-

---

1 Muhammad (570-632) wurde in Mekka geboren und stammt aus dem Stamm der Quraysch. Mit vierzig Jahren hatte er seine erste Offenbarung. Nach Streitigkeiten mit den Notabeln der Stadt mußte er 622 Mekka verlassen. Dieses Jahr ist der Beginn der islamischen Zeitrechnung.
2 Der Koran beinhaltet die Botschaft, die Muhammad 610 bis 632 als Offenbarung Gottes verkündet hat. Die schriftlich verbindliche Fassung wurde während der Zeit des dritten Kalifen ʿUthman (Regierungszeit 644-656) erstellt. Der Koran ist in 114 selbständige Abschnitte, die man als Suren bezeichnet, unterteilt. Jede dieser Suren trägt einen eigenen Namen.

scheinungen intentional beziehen lassen durch Muslime, die sich selbst als gläubig bezeichnen.

Bezeichnungen wie zum Beispiel »islamischer Orient« sind aber nicht religiös besetzt. Sind sie damit überhaupt tauglich?

Da stehen wir vor einem Dilemma. Wenn man damit nur die geographische Verbreitung meinen würde und einen Konsens darüber hätte, daß der islamische Orient die Welt ist, in der Muslime leben, seien sie nun religiös oder seien sie nicht religiös, hätten wir eigentlich eine sehr einfache Bezeichnung. Nun schwingt aber in dem Begriff ›islamisch‹ gleichzeitig eine Definition dessen mit, was Islam ist. Und diese Definition wird aus unserer Tradition heraus sehr gerne so formuliert, daß der Islam eine sich nicht verändernde Religion darstellt, daß die Muslime selbst dieser Religion unterworfen seien und in einem Käfig sitzen würden, aus dem sie nicht herauskommen. Also es wird quasi eine Essenz, eine Wesenhaftigkeit des Islam konstruiert, aus der es kein Entrinnen gibt.

Welche Essenz, welche Bestandteile rechnet man denn dazu?

Nach dem Konsens, vor allen Dingen in der nichtislamischen, in der westlichen Öffentlichkeit, gehört zu den Bildern, die »Islam« konstituieren, vor allen Dingen die Vorstellung, der Islam sei eine Religion, die determinierend in das Leben der Menschen im Diesseits wie im Jenseits eingreift. Eine Religion also, die den Menschen Alltägliches genauso wie Spirituelles vorschreibt. Der Islam wird also als eine stark determinierende Religion angesehen.

*Welche Teile dieser Religion sind denn tatsächlich deter-
minierend für den einzelnen Muslim?*

Wie für jede Religion im Grunde keine, weil Religion
selbst ja immer historischen Prozessen unterworfen ist.
Das gilt für jede Religion, also genauso für das Christentum wie für den Islam und das Judentum. Insofern sind
alle religiösen Bekenntnisse immer in ihrer, in der eigenen
Zeit zu verstehen, in der sie ausgesprochen werden. Ein
frühislamisches Bekenntnis zum Islam ist ein anderes Bekenntnis als jenes, das heute dem Islam gegenüber entge-
gengebracht wird. Diese Zeitabhängigkeit verlangt natürlich von uns, den Islam stets in der Zeit zu verstehen, in der
er geäußert wird. Der Islam wird historisch, wie jede Religion, stets neu formuliert und stets neu geschrieben.

*Welche Teile der islamischen Früh- und mittelalterlichen
Geschichte sind denn für die Ausdeutung des heutigen Islam immer noch besonders wichtig?*

Für die islamischen Theologen spielen die großen theologischen Traditionen des 10. und 11. Jahrhunderts immer
noch eine ganz wesentliche Rolle. Eine theologische Ausdeutung, die wir grob mit der Scholastik identifizieren
können. Also die rationale Beweisführung, daß der Islam
die letzte, die richtige und endgültige Offenbarung darstellt. Rationale Beweisführung bedeutet in dem Zusammenhang, daß durch eine bestimmte Argumentationstech-
nik bewiesen wird, daß es sich hierbei um eine letzte Offenbarung handelt. Das schließt sogar den Gottesbeweis
mit ein. Für viele traditionelle, orthodoxe Theologen ist
das immer noch aktuell. Sie berufen sich vor allen Dingen
auf Gelehrte aus dem Hochmittelalter wie al-Ashʿari[3] oder

---

3 al-Ashʿari (873-935) ist der Begründer der Schule der Ashʿariten. Ashʿari wen-
dete sich gegen blinden Glauben und den eingeschränkten Gebrauch der Ver-

wie al-Ghazzali[4]. Daneben spielen natürlich philosophische, mystische Traditionen eine große Rolle. Gerade heute, wo in der islamischen Welt von Intellektuellen verstärkt die Berechtigung einer rationalen Weltdeutung gefordert wird, greift man wieder zunehmend auf diese philosophischen Traditionen zurück. Als Kernpunkt der Identifikation stehen hier die Schriften von Averroes oder Ibn Rushd[5], wie er im Arabischen heißt, im Mittelpunkt.

Wenn man mit Muslimen über den Islam diskutiert, so kommt man immer wieder auf die frühe islamische Geschichte zu sprechen. Das Leben Muhammads im siebten Jahrhundert spielt eine genauso große Rolle wie die religiösen Grundpflichten eines jeden Muslims. Können Sie die Traditionen einmal kurz benennen, die darin deutlich werden?

Die kultischen Verpflichtungen, die den Islam als Religion kennzeichnen, haben sich natürlich in der islamischen Frühzeit etabliert, wie das fünfmalige Gebet am Tag, das Einhalten des Fastens im Monat Ramadan, das Geben von Almosen als ethisches Merkmal gesellschaftlichen Han-

---

nunft. Er trat für eine vernünftige Beweisführung aus dem Text des Koran und den Angaben der Tradition ein. Dieser »vernünftige Traditionalismus« war jahrhundertelang die herrschende Schule der islamischen Orthodoxie.

4 al-Ghazzali (1059-1111) wurde im Iran geboren. Seine theologische Lehre sollte durch eine versuchte Versöhnung der Mystik mit der Orthodoxie eine Stärkung der Frömmigkeit bewirken.

5 Ibn Rushd (1126-1198) wurde in Cordoba geboren. Er war Naturwissenschaftler, Philosoph und Theologe und gilt als der berühmteste Kommentator des Aristoteles. Die Frage nach dem Verhältnis von Wissenschaft und Glauben hatte für ihn zentrale Bedeutung. Bis zu seiner Rehabilitierung kurz vor seinem Tod galten seine Lehren als nicht vereinbar mit dem Islam.

delns und die Pilgerfahrt nach Mekka[6], sofern man dazu in der Lage ist. Natürlich auch das Glaubensbekenntnis selbst, das besagt, daß es keinen Gott gibt außer Gott, und daß Muhammad der Prophet Gottes ist. Diese kultischen Merkmale gelten als unabänderlich. Und auf sie beziehen sich Muslime natürlich. In dem Moment, wo sie verändert werden, würde der Islam als Religion nicht mehr existieren, sondern er wäre etwas anderes. Damit erschöpft sich aber im Grunde schon der eigentliche theologische Bezug auf die islamische Frühzeit. Hinzu kommt natürlich der Glaube an den Koran selbst, an den Text als Offenbarung Gottes. Damit ist aber im Grunde der Bezugsrahmen gesetzt. Alles weitere ist Interpretation, die zeitabhängig ist.

Es gibt aber noch einen weiteren Begriff, auf den sich heutige muslimische Theoretiker immer wieder beziehen: das Verhältnis von Religion und Gemeinwesen, das für viele von ihnen in der islamischen Frühgeschichte einen besonderen Platz eingenommen hat. Was bedeutet der Begriff »umma« in diesem Zusammenhang?

Da sind wir genau in dem gleichen Dilemma wie mit der Beschreibung des Begriffes »Islam«. Auch der Begriff »umma« ist im Grunde nur jeweils in einer bestimmten historischen Zeit zu verstehen. In der islamischen Frühzeit bedeutete »umma« nichts anderes als die Konföderation von Stämmen. Also eine reine, auf die Stammesgesellschaft bezogene Kategorie. Das hat nichts mit dem Begriff für das Entstehen eines Nationalstaates zu tun, wie heute auch manche islamische Theoretiker gerne sagen. »Umma« ist vielmehr ein spezifischer Begriff, der durch die islamische Geschichte hindurch bis heute Unterschiedliches bezeich-

---

6 Mekka ist das religiöse Zentrum des Islam. Es befindet sich auf der arabischen Halbinsel. Jährlich pilgern Millionen von Muslimen aus aller Welt nach Mekka. Im Gebet richtet sich der gläubige Muslim nach Mekka aus.

nete. Mal bedeutete er reich, mal bedeutete er Religionsgemeinschaft, mal bedeutete er auch, wie seit dem 19. Jahrhundert verstärkt, Kulturgemeinschaft, Staat oder Nationalstaat. Es gibt also eine breite Interpretation dieses Begriffes, die immer abhängig von der Zeit ist. Damit ist es faktisch unmöglich, diesen Begriff einer Definition zuzuordnen. Wenn man das macht, ergreift man praktisch schon Partei für eine historische Zeit. Und wenn man die »Summa« so definiert, wie sie in der islamischen Frühzeit verstanden wurde, wird man in seiner Betrachtung der islamischen Kultur selbst zu einem Fundamentalisten, weil man damit in der islamischen Frühzeit das Fundament zum Verständnis des Islam sieht.

Aber westliche Kritiker werfen den islamischen Gesellschaften, auch unter Zuhilfenahme des Begriffs »umma«, gerade vor, daß es keine Trennung von Staat und Religion im Islam gegeben hätte und daß dies bis heute der Fall sei. Läßt sich das Verhältnis von der Religion und Gesellschaft bis in die Gegenwart so definieren?

Erstaunlicherweise decken sich in dieser Aussage, daß es im Islam keine Trennung zwischen Religion und Staat gäbe, westliche Kritiker mit islamischen Fundamentalisten. Beide führen das gleiche Argument an; die einen positiv, die anderen negativ. Beide argumentieren aber ähnlich und sagen, daß dies in der islamischen Offenbarung geregelt sei und daß die islamische Offenbarung sowohl das jenseitige wie das diesseitige Lebensverhältnis des Menschen regele. Meines Erachtens ist damit aber die Frage vollkommen falsch gestellt. Wenn man eine nicht auf diesem fundamentalistischen Kurs ausgerichtete Antwort sucht, dann geht es darum, zu erkennen, ob überhaupt eine Fragestellung, nämlich die, wie Religion und Staat zu trennen sind, auf eine Zeit bezogen werden kann, in der diese Frage völlig irrelevant war. Denn dies ist eine Frage des 18. und 19. Jahrhunderts und nur in dieser Zeit interessant. Selbst in unserer eigenen Tradition würden wir ja nie auf die Idee kommen, diese Frage rückwirkend oder rückblickend für eine Zeit zu stellen, wo diese Frage überhaupt nicht gesellschaftlich gestellt wurde. Wenn man das in bezug auf den Islam trotzdem macht, bedeutet es, daß man in der islamischen Frühzeit eine Antwort auf eine Frage sucht, die erst durch die Aufklärung in Europa gestellt worden ist. Letztlich wird durch ein solches Vorgehen erst ein Gegensatz konstruiert, nämlich daß nur die europäische und eben nicht die islamische Welt diese Trennung kenne. Das entspricht weder der historischen noch der geistesgeschichtlichen Entwicklung in der islamischen Welt. Erstens sind die islamischen Gesellschaften heute säkularisiert, und zweitens gibt es starke islamische Traditionen, die diese Säkularisierung selbst wieder ausgedrückt, formuliert und gefordert haben.

Damit sind wir bei Ihrer Rezeption von Geschichte. Für Sie liegt der Geschichte, also auch der islamischen, so etwas wie eine Weltzeit zugrunde, die einen Modernisierungsprozeß beinhaltet. Was bedeutet dieser Begriff der Weltzeit und wie hat er sich auf die islamischen Kulturen und Gesellschaften ausgewirkt?

Die Grundannahme ist, daß sich die islamische Geschichte bis in das 16. Jahrhundert hinein relativ autonom von europäischen oder anderen, meinetwegen auch ostasiatischen historischen Abläufen entwickelt hat. Diese relative Autonomie wurde durch den Beginn der Expansion von großen Reichen im 16. Jahrhundert gesprengt. Damit expandierte aber nicht nur politische Macht, Ökonomie und Herrschaft, sondern auch Geschichte selbst. Alles das, was Geschichte vereint und zu einem historischen Prozeß ge-

13

stalten läßt, wird tatsächlich im 16. Jahrhundert zu einer eher auf Globalität ausgerichteten Größe. Und diese Globalität findet sich auch in der islamischen Welt seit dem 16. Jahrhundert wieder. Das Merkwürdige ist, daß man seit dem 16. Jahrhundert für die islamische Geschichte eine starke Strukturanalogie zu ähnlichen Prozessen, wie sie in Europa stattgefunden haben, feststellen kann.

Die Neuzeit hat also nicht nur das Leben der Menschen in Europa, sondern weltweit revolutioniert. Dann stellt sich die Frage noch einmal konkreter: Wie hat dieser Prozeß das alltägliche Leben in den islamischen Gesellschaften verändert?

Die Neuzeit selbst ist ja, je nachdem, wo wir den Beginn ansetzen, vierhundert bis fünfhundert Jahre alt. Bis ins 19. Jahrhundert hinein hat sich das alltägliche Leben für Muslime wie für Europäer eigentlich wenig geändert. Traditionen waren immer noch sehr wirksam. Veränderungen fanden vor allen Dingen im Bereich Herrschaft, Ökonomie und Technologie statt. Wir müssen also danach fragen, ob in diesen Bereichen auch in der islamischen Welt analoge Prozesse zu denen in Europa festzustellen sind. Das trifft auch auf die Ideengeschichte zu. Ein genauer Blick etwa auf die Geschichte des Osmanischen Reiches[7] seit dem 16. Jahrhundert, auf das indische Moghul-Reich[8] oder auch auf die persischen Safaviden[9] seit dem 16. Jahrhundert zeigt, daß dort sowohl im Herrschafts- wie auch im ökonomischen Bereich klare Strukturanalogien bestehen.

---

7 Die Osmanen waren eine türkische Dynastie (1281-1924), die zur Zeit ihrer größten Machtausdehnung Anatolien, den Balkan und den größten Teil der arabischen Welt beherrschte.
8 Die Reiche der Großmoghuln (1526-1707) beherrschten große Teile Indiens und des heutigen Pakistans.
9 Die Dynastie der Safaviden (1501-1722) herrschte in Iran, Teilen des Kaukasus und großen Teilen Mittelasiens.

Beispielsweise in der Bedeutung der großen Reichsbildung. Warum gab es überhaupt das Osmanische Reich? Ist das Osmanische Reich mit dem Habsburger Reich zu vergleichen? Wie sehen die kulturellen und ökonomischen Kontakte jener Zeit aus? Das Überraschende scheint mir dann zu sein, daß unter solcherart gleichen oder ähnlichen Bedingungen auch ähnlich gedacht wurde. In der islamischen Ideengeschichte finden sich deutliche Hinweise darauf, daß auch muslimische Intellektuelle oder Gelehrte jener Zeit nicht weit entfernt von Traditionen dachten, die auch in Europa gang und gäbe waren.

Können Sie dafür ein Beispiel nennen?

Das Denken in der berühmten persischen Philosophenschule von Isfahan im 17. Jahrhundert. Dieses Denken, das als Theosophie bezeichnet wird, also Gottesliebe und Philosophie vereint, versuchte eine neue Philosophie zu entwickeln. Das erinnert sehr stark an ähnliche Entwicklungen in der Frühaufklärung in Europa im 17. Jahrhundert. Die Analogien gehen sogar so weit, daß man sich fragt, ob sich hier nicht gemeinsame Wurzeln verbergen. Und so geht die Forschung dahin, diese gemeinsamen, auch genealogischen Wurzeln zu finden.

Dennoch behauptet man immer, im Islam hätte es weder Reformation, Aufklärung noch eine französische Revolution gegeben. Und damit sei die islamische Kultur insgesamt als vormodern zu betrachten, vorausgesetzt, wir nehmen an, daß die Moderne sich aus solchen Ereignissen entwickelt hat.

Aus dieser Position klingt heraus, daß sich Europa als das Modell aller Dinge sieht. Die Vorstellung besagt also, eine Kulturgemeinschaft habe etwas, eine andere aber habe es nicht. Das heißt, daß die Negation, die Negativkritik im Vordergrund steht. Es wird festgestellt, daß der Islam keine Reformation und keine Aufklärung kenne. Deshalb habe er keine Legitimation, an der Moderne teilzuhaben. Abgesehen davon, daß diese Feststellung ein Herrschaftsverhältnis beinhaltet, also die europäische Identität zum Maßstab gemacht wird, kann man sich fragen, ob das überhaupt stimmt. Ob nicht unter den Bedingungen der Strukturanalogie auch Prozesse in der islamischen Welt festzustellen sind, die unabhängig, also nicht in einem Entlehnungsprozeß, so etwas wie reformatorisches oder aufklärerisches Denken bis ins 19. Jahrhundert hinein produziert hat.

Sind solche Denkmuster festzustellen?

Sie sind festzustellen. Obwohl sich die Forschung im Augenblick nicht klar darüber ist, wie solche Traditionen ausgesehen haben und zu beweisen sind. Aber wenn man versucht, die Aufklärungstradition in Europa etwas genauer zu betrachten, erkennt man, daß dort drei große denkerische Traditionen ineinanderfließen, eine rationalistische, eine mystische und eine pietistische Tradition. Diese drei Grundkomponenten aufklärerischen Denkens finden wir in der islamischen Welt im 16. und 17. Jahrhundert genauso *en vogue* wie in Europa. Sie wurden auch ähnlich zusammengeführt und zu aufklärerischen Aussagen gebündelt. Was mich persönlich sehr erstaunt, ist, daß im 18. Jahrhundert der status quo islamischen Denkens von europäischen Beobachtern als aufklärerisches Denken angesehen und interpretiert wurde.

Können Sie dafür ein Beispiel geben?

1790 ist in einem Ort, der Ratiopolis heißt, in einem fikti-
ven europäischen Aufklärungsort des 18. Jahrhunderts
also, eine Schrift erschienen, in der es heißt, daß der Islam
als Kultur und Religion das Modell aufklärerischen Denkens *par excellence* darstellt. Als Beweis dafür wird eine islamische Dogmatik herangezogen, die im 17. Jahrhundert
geschrieben wurde. In ihr wird das rationale Erklären der
Welt, die Freiheit des Menschen, die Freiheit auch von religiösen Zwängen und die Freiheit des Denkens beschrieben
und legitimiert. Mich verwundert es natürlich sehr, wenn
im 18. Jahrhundert europäische Aufklärer den Islam als
Modell ihres Aufklärungsprozesses interpretieren. Das
könnte bedeuten, daß in jener Zeit in der islamischen Welt
solche Aufklärungstraditionen tatsächlich schon existierten.

Diese Aufklärungstradition im Islam ist aber dadurch un-
terbrochen worden, daß Europa im 19. Jahrhundert zu-
nehmend die Vorherrschaft über die islamische Welt ge-
wann. Wie wurde die Entwicklung im 19. Jahrhundert
von islamischer Gelehrtenseite her gesehen?

In zwei völlig unterschiedlichen Perspektiven. Die erste
läßt sich etwa bis 1870 datieren, die zweite etwa ab 1870.
Zunächst einmal wurde die europäische Aufklärungstradition und andere Traditionen, die damals wichtig waren,
früher Positivismus beispielsweise, wie selbstverständlich
rezipiert. Und zwar nicht aus der Perspektive heraus, daß
die Europäer alles besser könnten als die Muslime und sie
dies deshalb übernehmen müßten. Sondern aus dem selbstverständlichen Gefühl heraus, daß man als Muslim sowieso einen Teil dieses modernen Denkens, aus einer eigenen Tradition heraus, bildete. Man sah sich deshalb
durchaus legitimiert, genauso Montesquieu zu lesen wie
etwa ein Niederländer, Preuße oder Habsburger in jener

Zeit. Ob man nun Muslim war oder nicht, machte für diese Denker jedenfalls bis 1870 keinen Unterschied in der Frage, ob sie teilhaben dürften an dem globalen Prozeß aufklärerischen Denkens. Lesbar waren solche Texte eben deshalb, weil die muslimischen Gelehrten jener Zeit über eine eigene, und das ist eben die These, die dahinter steckt, über eine eigene Aufklärungstradition verfügten, die ihnen die Texte verständlich machte. Wenn sie nicht die Verstehensvoraussetzungen gehabt hätten und die islamische Kulturgeschichte ihnen genau diese Verstehensvoraussetzungen nicht angeboten hätte, wären Montesquieu oder Rousseau für sie nicht zu verstehen gewesen. Bis 1870 etwa läßt sich also ein sehr unbefangener Umgang mit europäischen Traditionen erkennen. Ab 1870 spaltet sich die Wahrnehmung, sowohl europäischer- als auch islamischerseits auf.

Was waren die Gründe für diese Aufspaltung der Wahrnehmung?

Wir können, bildlich gesprochen, Disraelis Kristallpalastrede[10] zugrunde legen. Was dahinter steckt, ist nämlich die Vorstellung, daß Europa und der Imperialismus aus der Überlegenheit der weißen Rasse, der europäischen Identität heraus, selbst begründet ist. Das ist der Ort, wo der Rassismus des Kolonialismus eigentlich erst wirklich verankert wurde. Und erst ab dieser Zeit, ab dem späten 19. Jahrhundert, wurde diese Identität auch in den Kolo-

10 Disraeli (1804-1881) war britischer Staatsmann und Schriftsteller. Als Ministerpräsident (1868 und 1874-80) verband er seine konservativen Ideen mit dem imperialistischen Gedanken. 1875 erwarb er die Mehrheit der Suezkanal-Aktien für Großbritannien, 1878 veranlaßte er die Erhebung von Königin Viktoria zur Kaiserin von Indien. Der Kristallpalast wurde zur Londoner Weltausstellung 1851 im Hyde Park errichtet. Er wurde später versetzt und brannte ab. Er war einer der ersten großen Werke reiner Eisen- und Glasarchitektur.

nialisierungsprozeß integriert. Und darauf regierten muslimische Denker, indem sie sagten: Wir machen jetzt nicht mehr *alla franca,* so wie die Europäer also, weiter, sondern versuchen bei uns selbst zu bleiben. Eben weil dieser Kolonisierungsprozeß uns zu einer negativen Größe degradiert. Aus dem Denken, daß die Muslime im Grunde eben kein Recht hätten, an der europäischen Zivilisation oder an den globalen Prozessen der Zivilisation des 19. Jahrhunderts teilzuhaben, entwickelte sich eine starke Distanzierung. Das Entscheidende jedoch scheint mir dabei zu sein, daß die Mittel der Distanzierung, mit denen sich Intellektuelle damals zu Wort gemeldet haben, sich überhaupt nicht von den europäischen Denktraditionen unterschieden. Denn die muslimischen Theoretiker reagierten, im Rahmen ihrer Kritik, mit europäischen Denktraditionen an europäischen Denktraditionen. Sie übersetzten diese nur, um sich persönlich zu identifizieren, in eine islamische Sprache. Damit wird das Spezifische benannt. Sie sind Muslime, gleichzeitig aber wird die Globalität weiter fortgeführt.

Das führte jedoch zu einer Aufspaltung innerhalb der islamischen Gesellschaften...

Es hat insofern zu einer Aufspaltung geführt, als sich ein Teil der Intellektuellen – denn es geht im Grunde hier nur um die, die an der Öffentlichkeit teilhatten – dieses europäischen Diskurses weiter bediente. Sie benutzten also weiter die Sprachen, die vom europäischen Kolonialismus angeboten wurden, ja kleideten sich sogar entsprechend. Die Hutmode ist ein wunderschönes Beispiel dafür: Man trug nun einen europäischen Hut oder man nahm eine neue, autochthone, eine islamische Mode an. Oder aber man verfiel in den islamischen Diskurs, der sich aber nicht inhaltlich, sondern nur formal vom europäischen Diskurs unterschied.

Läßt sich diese innerislamische Auseinandersetzung bis heute nachverfolgen? Sind auf der einen Seite die Intellektuellen, die westlichen Denkmodellen folgen, und auf der anderen Seite die islamischen Fundamentalisten?

Ja, so kann man das sagen. Intellektuelle ist eine globale Kategorie. Und die allgemeine Sprache intellektuellen Daseins ist eben eine Sprache, die stark durch globale Denktraditionen geprägt ist. Islamischer Fundamentalismus erscheint aus dieser Perspektive zunächst einmal nichts anderes zu sein als eine islamische Versprachlichung dieser Denktraditionen.

Welche Auswirkungen hatte das auf die Entwicklung der islamischen Gesellschaften im 20. Jahrhundert? Gibt es Einschnitte, die man festmachen könnte?

Einschnitte würde ich nicht sagen. Ich glaube, daß das, was sich in den letzten zwanzig bis dreißig Jahren entwickelt hat, eine starke Zunahme dieses islamischen Diskurses, dieser islamischen Versprachlichung sozialer und kultureller Fragen ist.

Wie sieht diese islamische Versprachlichung aus?

Das bedeutet, daß alle Kategorien, mit der man Welt erkennt und versteht, vom Alltag bis hin zu hohen philosophischen Fragestellungen, mit Begriffen belegt sind, die aus einer neugeschaffenen islamischen Tradition stammen. Beispielsweise wenn gesagt wird, daß die zu schaffende gesellschaftliche Ordnung eine Theorie verlangt, dann wird der Begriff Theorie nicht mit Theorie übersetzt, sondern mit einem islamischen Begriff »aqida«. »Aqida« ist aber gleichzeitig ein Konzept, das der islamischen Dogmatik zuzuordnen ist. Aus der entfernten Perspektive sieht es dann so aus, als würden plötzlich islamische Theologen oder Gelehrte argumentieren und mit der alten Begrifflichkeit neue, aktuelle Verhältnisse beschreiben. Aber der entscheidende Punkt scheint mir zu sein, daß sie damit weder einen neuen Sachverhalt noch eine neue Erklärung schaffen, sondern nur eine neue Sprache benutzen. So ist es beispielsweise möglich, sozialistische Traditionen entweder europäisch zu versprachlichen, das heißt so wie wir das kennen, mit sozialistischer, kommunistischer Partei, mit dem Primat der Ökonomie und so weiter. Oder aber es wird islamisch versprachlicht. Der islamische Sozialismus argumentiert dann eben damit, daß die Frage der sozialen Gerechtigkeit schon durch Muhammad geklärt wurde, daß das Gemeineigentum an Grund und Boden da und da schon erklärt ist und durch die Prophetentradition so und so abgesichert. Dadurch ist eine islamische Versprachlichung gegeben. Aber das Thema selbst, der Sozialismus, ist nicht verändert worden.

Gehen Sie da mit dem Soziologen und Philosophen Jürgen Habermas konform, der die Moderne dadurch gekennzeichnet sieht, daß sie auf allen Gebieten ihre Orientierung gerade nicht mehr im tradierten Erfahrungsraum sucht, sondern in den »Normsuggestionen der Vergangenheit«?

Ja und nein, kann man da sagen. Diese Erklärung der Moderne, wie sie Jürgen Habermas beschreibt, erscheint mir für die europäische Welt sehr plausibel zu sein. Also gerade die Absage an Traditionen und die Neukreation eines Erklärungsmodells, das eben nicht mit einer Kategorie selbstverständlichen Lebens ausgestattet war. Das finden wir im islamischen Denken der Gegenwart andauernd wieder. Ja, man muß schon weiter gehen und sagen, daß das, was wir als Fundamentalismus kennen, genau entstanden aus einer radikalen Kritik an der Tradition ist. Früher nannte man das Klassizismus. Es wurde also ein Modell gesucht, das als idealtypisch angesehen wird, mit dem man dann die unmittelbaren Lebenserfahrungen, die noch stark tradierten Modellen folgten, negieren konnte.

Dann kann man also sagen, daß es so etwas wie eine islamische Moderne gibt?

Aber sicher. Aus dieser Perspektive heraus ist Moderne ja nichts anderes als ein globales Unterfangen, das sich seit dem 16. Jahrhundert langsam herausgebildet hat und immer mehr Gesellschaften dieses Globus erfaßt hat, je nachdem wie ökonomische, soziale und andere historische Prozesse geartet waren. Die islamische Welt, die in großer Nähe zu Europa und damit zum Zentrum der Globalisierung lag, war mit als erstes davon erfaßt. Die Moderne wurde aber in der islamischen Welt autochthon verarbeitet und neu produziert. Aus dieser Perspektive ist der islamische Fundamentalismus nichts anderes als die Bestätigung einer radikalen modernen Erfahrung und deren Verarbeitung.

Auswahl der Publikationen

Schulze, Reinhard: Die Rebellion der ägyptischen Fallahin 1919. Zum Konflikt zwischen der agrarisch-orientierten Gesellschaft und dem kolonialen Staat. Berlin 1981.

Schulze, Reinhard: Menschenrechte in der islamischen Diskussion. Wuppertal 1991 (Institut für internationale Politik, Arbeitspapier Nr. 12).

Schulze, Reinhard: Männerbilder und Männertypen in den Erzählungen aus 1001 Nacht. Saeculum XXXIX (1988), S. 340-349.

Schulze, Reinhard: Islamischer Internationalismus im 20. Jahrhundert, Untersuchungen zur Geschichte der islamischen Weltliga. Leiden 1990.

Schulze, Reinhard: Ägypten 1936-1956. Die Nationalisierung eines kolonialen Staates. In: Wolfgang J. Mommsen (Hrsg.): Das Ende der Kolonialreiche. Dekolonisierung und die Politik der Großmächte. Frankfurt a.M. 1990, S. 134-167, 225-231.

Schulze, Reinhard: Islam und Herrschaft. Zur politischen Instrumentalisierung einer Religion. In: Michael Lüders (Hrsg.): Der Islam im Aufbruch? Perspektive der arabischen Welt. München 1992, S. 94-129.

Schulze, Reinhard: Muslimische Intellektuelle und die Moderne. In: Jochen Hippler, Andrea Lueg (Hrsgg.): Feindbild Islam. Hamburg 1993, S. 77-91.

Schulze, Reinhard. Geschichte der islamischen Welt im 20. Jahrhundert. München 1994.

Schulze, Reinhard: Was ist islamische Aufklärung. Welt des Islam XXXVI (1996).

Weiterführende Literatur (Auswahl)

Sadik, J. Al-Azm: Unbehagen in der Moderne. Aufklärung im Islam. Frankfurt a.M. 1993.

Akbar, S. Ahmed: Postmodernism and Islam. London 1992.

Haarmann, Ulrich (Hrsg.): Geschichte der arabischen Welt. München 1994.

Binder, Leonard: Islamic Liberalism. Chicago 1988.

Salvatore, Armado: Islam and the Political Discourse of Modernity. Reading 1996.

Rodinson, Maxime: L'islam politique et croyance. Paris 1993.

Stauth, Georg: Islam und westlicher Rationalismus: der Beitrag des Orientalismus zur Entstehung der Soziologie. Frankfurt a.M. 1993.

Akbar, S. Ahmed, Donnan, Gastings (Hrsgg.): Islam, globalization and postmodernity. London 1994.

Tibi, Bassam: Die Krise des modernen Islam; eine vorindustrielle Kultur im wissenschaftlich-technischen Zeitalter. Frankfurt a.M. 1991.

Baber Johansen

Das islamische Recht in der Moderne

Christoph Burgmer:
Warum ist es, wenn man etwas vom Islam verstehen will, unumgänglich, sich insbesondere mit dem islamischen Recht auseinanderzusetzen?

Baber Johansen:
Für den klassischen und den modernen Islam spielt das islamische Recht eine Rolle als normatives System, das grundlegenden Geboten der Religion Ausdruck geben soll. Dieses Recht ist aber nicht nur auf die Offenbarung bezogen, also nicht nur auf den Koran, die Sunna, das heißt die Praxis des Propheten und den Konsensus der Gemeinde, sondern auch auf die politische Gemeinde der Muslime, in der es eine Vielzahl von Nichtmuslimen gibt. Das islamische Recht hat von daher einen doppelten Bezug. Einmal auf die politische Gemeinde, auf den Herrschaftsapparat und auf die politische Organisation der Muslime, sowie weiter auf die Offenbarung selbst. Und diese Offenbarung ist dreifach: das ist der Koran, das ist die Praxis des Propheten, die Sunna, die den Koran interpretiert, und es ist der Konsensus der Gemeinde über die Art und Weise, wie das zu lesen und zu verstehen ist.

Wann ist das islamische Recht kodifiziert worden?

Kodifiziert worden ist es im 19. und 20. Jahrhundert. Aber in literarischer Form ist es im 8. Jahrhundert entstanden. Zuerst entstand die hanafitische Schule, die im Osten des großen islamischen Weltreichs dominierte, dann die der Malekiten gegen Ende des 8. Jahrhunderts, die im Westen des islamischen Reichs führend war, zu Beginn des 9. Jahrhunderts die Schafiiten, die in Ägypten und von Ägypten entlang dem Roten Meer und dann entlang den Handelswegen, die vom Jemen nach Indien führen und in Indonesien dominant wurden, und schließlich Mitte des 9. Jahrhunderts die Hanbaliten, die in Bagdad die führende Schule wurden und im 13. und 14. Jahrhundert im Irak und in Syrien eine große Rolle spielten und heute in Saudi-Arabien vorherrschen.

Worin unterscheiden sich diese Rechtsschulen voneinander?

Das ist ziemlich schwer zu sagen. Vielleicht sollte man zunächst einmal sagen, worin ihre Gemeinsamkeiten bestehen. Gemeinsam ist ihnen der Bezug auf die schon genannten Offenbarungsquellen, also Koran, Sunna und Konsensus. Der verbindende Anspruch ist, für diese Offenbarungsquellen eine juristisch gültige Interpretation zu finden. Ihr nächster gemeinsamer Anspruch liegt dann schon auf einer anderen Ebene, nämlich, das Verhalten des gläubigen Muslims zu bestimmen. Das gilt zumindest für einen Teil der Muslime bis heute. Die Frage allerdings, welche Gültigkeit dieses System hat, ist unter den Muslimen heute umstritten. Deswegen kann man auch nicht sagen, daß es in vollem Umfang bis heute gilt. Aber ein großer Teil der Verfassungen, zum Beispiel der arabischen Welt, schreibt vor, daß die Prinzipien der Scharia oder einfach die Scharia, das heißt das normative System des Islam, was sehr häufig als das Islamische Recht interpretiert wird, ausschlaggebend ist als Quelle der Gesetzgebung. Diese Klauseln sind für die Interpretation der Gesetze und insbesondere für die Praxis der Verfassungsgerichte wichtig, die gegen Ende der siebziger Jahre und in den achtziger und neunziger Jahren in Ägypten, im Jemen, in Marokko, im

Libanon entstanden sind. Außerdem gilt das noch für Jordanien und Tunesien, in denen, wenn auch in anderer Form, Institutionen vergleichbare Funktionen haben. Für die Verfassungsgerichte entstand damit die bis heute gültige Frage der Interpretationsreferenz. Die Frage also, wie man ein Gesetz interpretiert, wenn zur gleichen Zeit die Verfassung vorschreibt, daß alle Gesetze in den Prinzipien des islamischen Rechts ihre prinzipielle Quelle haben. Und wenn zur gleichen Zeit sehr viele dieser Verfassungen die Einhaltung von Menschenrechten vorschreiben. Es gibt dann ein Dreiecksverhältnis zwischen islamischem Recht als universalem Bezug, den Menschenrechten als universalem Bezug und den nationalen Gesetzen, die im Zeichen des Nationalstaats entstanden sind. Alles dies muß von den Verfassungsgerichten in ein Gleichgewicht gebracht werden.

Bevor wir diese Problematik weiter ausführen, möchte ich auf einen Teil dieses Dreiecks, nämlich das islamische Recht, noch einmal zurückkommen. Was sind dessen Hauptmerkmale?

Das islamische Recht besteht seinem Anspruch nach als Form der juristischen Interpretation der Offenbarung. Den Bereichen nach, die es regelt, unterscheidet es sich wesentlich durch zwei Aspekte von europäischen Rechtsformen. Erstens regelt es auch den Ritus. Das heißt, jedes islamische Rechtsbuch beginnt mit den Vorschriften zur rituellen Reinheit; mit dem Gebet, dem Fasten, den Regeln zur Zakat, also zur Armensteuer, und den Regeln zur Pilgerfahrt. Damit werden die wichtigsten Formen des Rituals als Form des Rechts erfaßt und dargestellt. Für ihre Unterlassung hat es in der klassischen Periode auch juristische Sanktionen, das heißt Körperstrafen, bis hin zur Todesstrafe gegeben. Dann umfaßt das islamische Recht einen

Bereich, den wir als öffentliches Recht fassen würden: nämlich die Rechtsansprüche Gottes. Darunter sind das Strafrecht, das Steuerrecht und die militärische Verteidigung der muslimischen Gemeinde nach außen subsumiert. Was das islamische Recht aber von Stil und Form her fundamental von allen modernen Rechtsformen unterscheidet, ist, daß es ein Juristenrecht ist, es also in der Form von Argumenten vorgetragen wird. Man beginnt mit einer These. Zum Beispiel führt man aus, daß wenn A den B tötet, dann die Rechtsfolge C eintritt. Man hat sich bisher auf den Koran, die Sunna und den Konsensus gestützt. Nun aber erweitert man dieses Problem, indem man miteinbezieht, was der Gelehrte X dazu gesagt hat und wie der Gelehrte Y ihm widersprochen hat. Es wird also ein Dissens nachkonstruiert, eine Meinungsverschiedenheit zwischen Juristen. Überall wo es solche Meinungsverschiedenheiten gibt, gibt es auch den Platz für den Idschtihad, das heißt, es gibt auch den Platz für die Möglichkeit des Juristen, der vor einer solchen Meinungsverschiedenheit steht, in eigener Anstrengung eine juristische Interpretation dieses speziellen Konflikts vorzulegen. Und genau das ist etwas, was in dieser Form in den kodifizierten Rechten nicht mehr vorkommt. Insofern ist es vom klassischen Recht als Juristenrecht mit einem Pluralismus von Meinungen zu einem kodifizierten modernen Recht ein großer Schritt. Denn das kodifizierte Recht reduziert die Meinungsvielfalt, die im klassischen Recht zum Ausdruck gebracht werden kann.

Dennoch gibt es in der islamischen Welt noch zahlreiche Rechtsgelehrte, die sogenannten Ulama, die diese klassische Rechtsform ausüben können. Welche Ausbildung muß man haben, damit man das islamische Recht interpretieren kann?

Das war für die einzelnen Perioden ganz verschieden. Man weiß, daß es vor der Dynastie der Abbasiden[1], beispielsweise in Ägypten weder eine Richter- noch eine Juristenausbildung gegeben hat. Das Recht selbst war als literarische Form noch gar nicht vorhanden. Jemand, der ein anderes Amt bekleidete, konnte zugleich Richter werden. Man findet zum Beispiel Polizeichefs, die zugleich Richter sind. Das änderte sich mit den Abbasiden und mit dem Aufkommen der literarischen Form des Rechts. Jetzt bildeten sich Zirkel, in denen anhand von Schultexten Richter ausgebildet wurden. Zugang zu hohen Richterämtern hatten dadurch nur noch Gelehrte, die in solchen Zirkeln ausgebildet wurden. Das änderte sich dann noch einmal im 11. Jahrhundert, als die Madaris, die juristischen Hochschulen, von den neuen Dynastien des 11., 12. und 13. Jahrhunderts gefördert wurden. Dann mußte man durch eine solche Schule gegangen sein und ein Diplom haben, um Richter zu werden. Wir haben also einen Prozeß der fortlaufenden Professionalisierung des Amtes.

Die bis heute andauert?

Die bis heute andauert.

Das heißt also, daß der Rechtsgelehrte im Islam der Gegenwart eine solche Schule durchlaufen hat?

In jedem Fall ist derjenige, der als Rechtsgelehrter gilt, weil er eine solche Schule durchlaufen hat, jemand, der durch das Studium einen Überblick über die Geschichte des islamischen Rechts, die Interpretation des Koran und die Le-

---

1 Als Abbasiden bezeichnet man die zweite große Dynastie der islamischen Welt. Sie berief sich in ihrem Namen auf einen Halbbruder des Vaters des Propheten Muhammad. Die Abbasiden lösten im Jahr 750 die Dynastie der Umayyaden ab und regierten in Bagdad bis 1258.

benspraxis des Propheten sowie den Konsensus der Gemeinde hat und der die Grammatik und die Rechtsableitung kennen sollte. Das heißt, jemand der in praktischen und theoretischen Fragen eine Ausbildung absolviert hat, die zu einem bestimmten juristischen Universum gehört.

Nun ist es der Rechtsgelehrte, der die sogenannten Fatwa erstellt. Kann man die Fatwa mit einem Urteil vergleichen?

Nein. Eine Fatwa ist kein Urteil. Der Urteilsspruch eines Richters ist etwas, was vom Qadi ausgesprochen wird. Die Fatwa ist ein Rechtsgutachten zu einer bestimmten Frage. Aber ein Rechtsgutachten, das nicht notwendigerweise Rechtsfolgen hat, das also nicht notwendigerweise in eine Rechtspraxis umgesetzt wird. Und die Fatwa hat infolge dessen sehr viel mehr Aufgaben als der Richterspuch. Die Fatwa dient dazu, den Gläubigen in juristischen und religiösen Fragen Rat zu geben. Insofern ist sie nicht notwendigerweise auf einen Justizapparat angewiesen, der sie durchsetzt. Dazu dient sie häufig der Beratung von Richtern in schwierigen Rechtsfragen. Sie kann aber auch in Zeitungen veröffentlicht werden, um den Lesern ganz allgemein Auskunft darüber zu geben, wie der Zeitungsmufti, der Journalist also, der in der Zeitung für den Bereich der Fatwa verantwortlich ist, diese Fragen sieht oder wie Juristen, die er dazu interviewt, diese Fragen sehen. Ich wiederhole es noch einmal. Die Fatwa ist nicht auf den Justizapparat angewiesen. Sie ist kein Richterspruch, der in die Praxis umgesetzt werden muß, sondern sie ist ein Rechtsgutachten zu religiösen und rechtlichen Fragen.

Die Fatwa spielt aber beispielsweise im Fall Rushdie eine ganz andere Rolle. Hier ist klar, daß es sich um ein Urteil und nicht um ein beratendes Rechtsgutachten handelt.

Es ist sicher kein Urteil. Ein Urteil wird von einem Richter gesprochen, und der Richter ist darin auch nicht ersetzbar. Die Rushdie-Fatwa, auf die Sie anspielen, ist in vieler Hinsicht außergewöhnlich. Sie hat den Autor überlebt. Nicht einfach nur als Beispiel einer Fatwa-Sammlung. Solche Sammlungen von gelehrten Fatwas hat es über die Jahrhunderte immer gegeben. Hier aber setzt ein Regierungsapparat eine Fatwa eines verstorbenen Muftis immer wieder neu in Kraft. Das ist etwas, was es in dieser Form, soweit ich es übersehen kann, überhaupt noch nicht gegeben hat. Es ist mit Sicherheit ein ganz moderner Umgang mit Fatwas.

Das heißt, daß sich das islamische Recht auch verändert und den Situationen anpaßt. Wir haben also eine völlig andere Rechtssituation in der Gegenwart, als das vor 1300 Jahren in der Zeit des Frühislam der Fall war.

Mit Sicherheit ist es eine andere Situation als in der Zeit des Frühislam und anders als im 8. Jahrhundert. Auch wenn man zwischen dem 8. und 9. Jahrhundert, das heißt der Entstehung der literarischen Form des Rechts, und heute einen Vergleich zieht, sind die Unterschiede deutlich zu sehen. Mit Sicherheit gibt es auch nach dem 10. Jahrhundert und durch die ganze Geschichte des islamischen Rechts Veränderungen. Diese betreffen sowohl das Strafrecht als auch eine Reihe von anderen Bereichen, in denen Anpassungsleistungen notwendig wurden. Das ist etwas, was man in der Forschung lange vergessen hat, was aber gerade in den letzten Jahren zunehmend beachtet wird. Es hat immer Veränderungen im islamischen Recht gegeben. In den letzten einhundert Jahren sind sie besonders bedeutsam geworden, weil sich nationale Staaten gebildet haben, in denen das Volk als Gesetzgeber, als Souverän anerkannt wurde. Und diese Nationalstaaten haben sich ihre eigenen

Verfassungen gegeben, in denen die Rolle des Gesetzgebers geregelt wurde und das Gesetz, das so erlassen wurde, nicht darauf angewiesen war, mit den Normen des klassischen islamischen Rechts in Übereinstimmung zu stehen. Es gibt also vom Ende des 19. Jahrhunderts an ein sich herausbildendes positives, staatliches Recht, das sehr wenig mit dem islamischen Recht zu tun hat. Dieses positive Recht entsteht in Ägypten ab 1875, in Tunesien setzt der Prozeß, indem es sich herausbildet, in den fünfziger Jahren des 19. Jahrhunderts ein und wird, mit vielen Krisen, bis heute fortgeführt. Das Recht der Staaten des fruchtbaren Halbmonds entsteht in den zwanziger Jahren dieses Jahrhunderts, und in den sechziger Jahren dieses Jahrhunderts, am Ende der kolonialen Periode, haben die meisten arabischen Nationalstaaten, so in ganz Nordwestafrika und im fruchtbaren Halbmond, ihr eigenes positives, staatliches Recht. Dagegen gibt es andere Staaten, die bis heute ohne Verfassung, ohne die Anerkennung des Volks als Souverän, ohne entsprechende Gesetzgebungsprozesse auskommen, insbesondere Saudi-Arabien und Oman. Seit dem Ende der sechziger und dann verstärkt in den siebziger und achtziger Jahren hat sich aber eine Tendenz herausgebildet, die auch in den Nationalstaaten auf die Islamisierung dieses positiven Rechts abzielt. Es gibt inzwischen eine Vielzahl von Verfassungen, die die Quellen des Rechts oder die Prinzipien des islamischen Rechts in den Verfassungsrahmen erheben und zur wichtigsten Quelle der Gesetzgebung machen.

Können Sie dafür ein Beispiel nennen?

Das ist in der ägyptischen Verfassung der Fall, zunächst in der von 1971, dann in der Verfassung von 1980. Die Verfassung von 1980 besagt beispielsweise, daß die Prinzipien des islamischen Rechts nicht nur eine wichtige Quelle, sondern die Hauptquelle der Gesetzgebung sind.

Wie wirkt sich das in der Rechtsprechung aus?

Zuerst einmal beschlossen in den achtziger Jahren eine Reihe von Gerichten von sich aus, bestimmte Gesetze nicht mehr anzuwenden, weil sie sie für verfassungswidrig hielten. Sie waren der Meinung, daß das positive Recht der Nationalstaaten dem islamischen Rechtsverständnis widerspreche. Deswegen haben die seit dem Ende der 70er Jahre entstandenen Verfassungsgerichte eine besondere Bedeutung gewonnen. Ihnen wurde die Aufgabe zugewiesen, im Rahmen des Nationalstaats das positive Recht, die Prinzipien des islamischen Rechts und in der Regel auch die von den Staaten ratifizierten Menschenrechtskonventionen in ein Gleichgewicht zu bringen. Das bestimmte in der 2. Hälfte der 80er Jahre und in der 1. Hälfte der 90er Jahre die Rechtsprechung dieser Gerichte. Ich möchte das an einem Beispiel aus Ägypten erläutern. Dort fragte man sich, wie das islamische Recht auf Polygamie mit der Anerkennung der Menschenrechte durch Ägypten vereinbar sei. Das ägyptische Verfassungsgericht entschied in diesem Fall, daß die Polygamie ein unveränderlicher und unaufgebbarer Bestandteil des islamischen Rechts sei und daher kein Gesetz diesem Recht Abbruch tun dürfe.

Das islamische Recht wird also als göttliches Recht angesehen. Ist es dadurch nicht eigentlich irrational und unveränderbar?

Das islamische Recht ist nur insofern ein göttliches Recht, als es sich auf Offenbarungsquellen wie Koran, Sunna des Propheten und Konsensus der Gemeinde bezieht. Aber die muslimischen Juristen haben immer gewußt, daß solche Text zu interpretieren sind, daß diese Interpretation das Problem darstellt und sie immer Menschenwerk ist.

Wer interpretiert dieses Recht heute?

Das ist genau das Problem mit den Veränderungen des 19. und 20. Jahrhunderts. Denn der Einfluß derjenigen, die keine Ulama-Ausbildung durchlaufen haben, hat sich verstärkt.

Damit meinen sie diejenigen, die keine Rechtsgelehrten sind?

Ja, genau. Diese Entwicklung des 19. und 20. Jahrhunderts hat sich durch den Interpretationsanspruch derjenigen verstärkt, die nicht in den klassischen Formen des Rechts und der Theologie, sondern in den modernen Formen des Wissens ausgebildet sind. Ich meine diejenigen, die weder Rechtsgelehrte noch Theologen sind, sondern Physiker, Ingenieure oder Rechtsanwälte, die im modernen positiven Recht ausgebildet sind. Durch solche Gruppen werden neue Bezüge in den Interpretationen vorgelegt und zur Geltung gebracht. Man strebt die Kodifizierung des islamischen Rechts an. Dahinter steht die Aufhebung des Pluralismus, womit die Aufhebung der Juristendiskussion als Prinzip der Entwicklung des Rechts gemeint ist. Statt dessen wollen sie die staatliche Setzung des Rechts. Mit der Folge, daß, durch die Festschreibung einer bestimmten Rechtsmeinung in einem Bereich, die Rechtsmeinung an sich nicht mehr in Frage zu stellen ist, weil sie durch den Staat garantiert, also der Diskussion weitgehend entzogen ist. Diese Tatsache hat man in Europa lange Zeit übersehen. Man kann sie an der Einführung des Strafrechtes verfolgen. Libyen ist der erste Staat, der 1972 beginnt, in einem durch und durch europäischen Strafrecht die göttlich festgeschriebenen Strafen des islamischen Strafrechts, die als Strafen des öffentlichen Rechts gelten, nämlich die für Unzucht, Straßenraub, Weingenuß, Diebstahl und Verleumdung wegen Unzucht einzuführen und in dieses Strafrecht einzusetzen. In der 2. Hälfte der siebziger Jahre folgt etwas Ähnliches in Ägypten. Das ägyptische Innenministerium setzte eine Kommission ein, die ebenfalls beschloß, das ägyptische Strafrecht zu islamisieren. Die Kommission arbeitete mit einer vom Parlament eingesetzten Kommission und mit einer Kommission der Azhar Universität zusammen.

Könnten Sie, um die Bedeutung dieses Vorganges nachvollziehen zu können, kurz erklären, welche Funktion die Azhar Universität² in der islamischen Welt hat?

Die Azhar ist die große, religiöse Moschee-Universität, die lange Zeit das Zentrum des sunnitischen Islam gebildet hat. Unter Nasser ist sie in den 60er Jahren in eine staatliche Universität, die auch ein säkulares Bildungsprogramm anbietet, umgewandelt worden. Dennoch stellt sie nach wie vor das gelehrte Zentrum der sunnitischen islamischen Welt dar.

Die drei Kommissionen, die ich genannt habe: die des Innenministerium, des Parlaments und der Azhar, haben also von 1976 bis 1981 zusammengearbeitet und einen Entwurf für die Islamisierung des ägyptischen Strafrechts erarbeitet, der fast fertig war und dem Parlament vorgelegt werden konnte. Erst angesichts der Ermordung des ägyptischen Präsidenten Sadat 1981 durch islamistische Gruppen hat die Regierung davon abgesehen, diese Art von Islamisierung weiterzuverfolgen. Es folgte 1986 die Islamisierung des Strafrechts im Sudan. Mit all den Strafen, die das islamische Recht in der klassischen und frühen Periode

---

2 Die Azhar Universität wurde im 10. Jahrhundert von der Dynastie der Fatimiden gegründet und war daher in den ersten beiden Jahrhunderten ihrer Existenz die Vertreterin einer speziellen Form der schiitischen Theologie. Seit der Dynastie der Aiyubiden, im letzten Drittel des 12. Jahrhunderts begründet vom großen Saladin, wird sie eine sunnitische Lehrstätte.

entwickelt hat, wie Kreuzigung und Handabhacken. Die letzte Islamisierung, das heißt die letzte Kodifizierung des islamischen Strafrechts, hat 1994 im Jemen stattgefunden. Wichtig ist, daß kein Modernisierungsprozeß in den Strafen festzustellen ist, wohl aber eine Modernisierung in der Form der Straffestsetzung, das heißt in der Kodifizierung und der Form der Strafverhängung. In diesem Prozeß zeigte sich, daß die verschiedenen Strafen, die das islamische Recht vorgesehen hat, und die unterschiedlichen Rangstufen, die die Strafen im islamischen Recht hatten, hier plötzlich alle auf eine Rangstufe, nämlich die des staatlichen Strafrechts gehoben wurden. Das bedeutet, daß die staatlichen Gerichte beauftragt werden sollen, festzustellen, wer ein Apostat ist und wer nicht, und die Apostaten zum Tode verurteilt. Das war im Entwurf des ägyptischen Strafrechts so vorgesehen, das ist im jemenitischen Recht der Fall und das ist in einer Vielzahl von Entwürfen, die sich gegenwärtig im Diskussionsprozeß befinden, der Fall. Es ist klar, daß dies die Möglichkeit des Gesinnungsstrafrechts im großen Maßstab eröffnet. Denn wenn man anfängt, jeden Apostaten, jeden, der von der Religion des Islam abfällt, mit dem Tode zu bestrafen, ohne zu sagen, wie denn überhaupt die Beweislast in solchen Fällen aussieht, dann kann man sich das Ausmaß und die Bedeutung solcher Rechtsformen gegen Ende des 20. Jahrhunderts sehr deutlich vorstellen. Besonders deutlich kann man sich dies ausmalen, wenn man weiß, daß jeder Versuch einer sozialistischen Politik als Apostasie gekennzeichnet und charakterisiert wird. Eine Tatsache übrigens, die man weitgehend in der Diskussion verfolgen kann. Ein Apostasie-Paragraph kann also durchaus die Einführung eines Gesinnungsstrafrechts im großen Maßstab bedeuten. Was dann zwar durch die Gerichte und durch deren Interpretation gebremst werden kann, aber als Bedrohung der Meinungsfreiheit ständig aktuell bleibt.

Ist die Islamisierung des Rechtes und das Aufkommen fun-
damentalistischer Gruppen in den einzelnen Staaten ein
paralleler Prozeß? Besonders unter dem Aspekt, daß die
Fundamentalisten die Scharia und die Einsetzung des isla-
mischen Rechtes als ideologisches Kampfmittel benutzen.

Was heute unter der Forderung nach der Wiedereinfüh-
rung und Kodifizierung des islamischen Rechts passiert, ist
weitgehend eine Festlegung historischer Normen aus dem
8.-12. Jahrhundert. Sie werden allerdings ohne die Schutz-
formeln benutzt, die das klassische Prozeßrecht zum
Schutze der Angeklagten in das Prozeßrecht dieser Strafen
eingebaut hatte. Damit steht das klassische Prozeßrecht
unter dem Effizienzanspruch eines modernen Gesetzes.
Dies stellt gegenüber dem klassischen Recht eine grundlegende Veränderung dar. Die Islamisierung des Rechts und
das Aufkommen fundamentalistischer Gruppen müssen
aber auch in enge Beziehung zu den entsprechenden Bewegungen, die wir in unseren eigenen Gesellschaften beobachten können, gesetzt werden. Fundamentalistische Interpretationen von Offenbarungstexten als Legitimation und
Ausdrucksform politischer Organisationen und ihrer Forderungen haben seit den siebziger Jahren in der ganzen
Welt, besonders in den USA, an Bedeutung gewonnen.
Und die Erwartung, daß das Recht die Probleme lösen
wird, zu deren Lösung man der Politik die sachliche und
moralische Kompetenz abspricht, ist – wie man in Italien,
aber auch in anderen Teilen Westeuropas sehen kann –
nicht auf die Gesellschaften des Nahen Ostens beschränkt.
Diese allerdings stellen in ihrer Verschmelzung von rechtli-
chem und religiösem Diskurs sehr spezifische Formen solcher allgemeiner Bewegungen vor. Sie müssen sowohl in
ihrer Spezifität als auch als Teil internationaler Kultur-
und Gesellschaftsentwicklungen gesehen werden.

Auswahl der Publikationen

Johansen, Baber: Muhammad Husain Haikal – Europa und der Orient im Weltbild eines ägyptischen Liberalen. Beirut, Wiesbaden 1967.

Johansen, Baber: Islam und Staat. Abhängige Entwicklung, Verwaltung des Elends und religiöser Anti-Imperialismus. Berlin, Das Argument (Studienhefte 54), 1982.

Johansen, Baber/Steppat, Fritz: Der Islam und die Muslime. Geschichte und religiöse Tradition. Berlin, Der Ausländerbeauftragte des Senats, 1986.

Johansen, Baber: Staat, Recht und Religion im sunnitischen Islam. Können Muslime einen religionsneutralen Staat akzeptieren?. In: Marre, Heinen/Stüting, Johannes (Hrsg.): Essener Gespräche zum Thema Staat und Kirche (Nr. 20). Der Islam in der Bundesrepublik Deutschland, Münster, Aschendorff, S. 12-60.

Zahlreiche Aufsätze zum islamischen Recht in englischer und französischer Sprache.

Weiterführende Literatur

Seit 1935 gibt es keine neuere systematische und auch keine neue historische Darstellung des islamischen Rechts in deutscher Sprache, die als Einführung empfehlenswert wäre. Für einen Überblick:

Dilger, Konrad: Tendenzen der Rechtsentwicklung. In: Ende, Werner/Steinbach, Udo: Der Islam in der Gegenwart. München 1984, Neuauflage 1996.

Yann Richard

Von der Religion zur Revolution:
Der Schiismus

Christoph Burgmer:
Die Unterschiede zwischen dem schiitischen und sunniti-
schen Islam gehen auf die Geschichte des Islam in der
Frühzeit nach dem Tod des Propheten Muhammad 632
zurück. Was waren die Streitpunkte und ab wann kann
man tatsächlich von einer schiitischen Glaubensrichtung
im Islam sprechen?

Yann Richard:
Ursprünglich war es ein Problem der Nachfolge nach dem
Tod des Propheten. Es existierten zwei unterschiedliche
Richtungen. Die Schiiten waren Anhänger einer Theorie,
die besagte, daß der Prophet selbst seinen Schwiegersohn
und Neffen Ali Ibn Taleb[1] dazu bestimmt habe, sein Nachfolger zu werden, weil er der Tapferste, jung und von allen
akzeptiert war. Und dann gab es eine zweite Richtung. Direkt nach dem Tod des Propheten, noch bevor er begraben
wurde, versammelten sich die Eliten der Quraysch, des
Stammes des Propheten, und wählten Abu Bakr[2] zum Pro-
phetennachfolger. Diese zwei Richtungen sind nicht nur
historisch belegbar. Bezüglich der Nachfolge des Propheten sind es zwei grundsätzlich verschiedene Konzeptionen.
Auf der einen Seite haben wir die Ernennung des ersten
Imam durch den Propheten, der wiederum selbst nach

---

1 Ali Ibn Taleb war als einer der ersten vom Prophetentum Muhammads über-
   zeugt. Er wurde 661 aus Rache ermordet.
2 Abu Bakr (570-634) war außerhalb der Familie des Propheten einer der ersten, der an die göttliche Botschaft Muhammads glaubte. Von 632-634 war
   er der erste Kalif (Stellvertreter des Propheten) des Islam. Seine Herrschaft
   war vom Kampf gegen die abtrünnigen arabischen Stämme gekennzeichnet.

schiitischer Tradition seine beiden Söhne Hassan und Hussein als Nachfolger bestimmte, die dann wiederum ihre Nachfolger nach dem Erstgeburtsrecht bestimmten. Auf der anderen Seite haben wir eine Wahl, das heißt eine Übereinkunft der Führer der Gemeinde. Man kann sagen, daß letztere eine mehr politische, von Menschen bestimmte Lösung war. Es gab also einerseits einen einfachen politischen Gegensatz zwischen beiden Richtungen, zusätzlich aber einen philosophischen und spirituellen. Und weil die Schiiten in der Minderheit und nicht an der Macht waren, entwickelten sie gerade die philosophische und spirituelle Lehre. Außer in der Frühzeit Alis, des Schwiegersohns des Propheten, und in einer späteren Epoche, in der man glaubte, daß ein anderer Imam zum Nachfolger des Kalifen Al Ma`mun[3] werden würde, erlangten die schiitischen Imame niemals mehr die Macht und forderten diese Macht auch nie mehr ein. Und selbst Ali hat nicht sofort regiert, sondern mußte fünfundzwanzig Jahre warten, bevor er zum Kalifen gewählt wurde. Es gab also das Paradox, daß die schiitischen Anhänger für ihre Imame die politische Macht beanspruchten, aber die Imame selbst ihre Macht nur als spirituell ansahen.

Was ist ein Imam und welche Rolle spielt er im Schiismus?

Im Gegensatz zum Kalifen, der die tatsächliche Macht hatte, war der schiitische Imam derjenige, der die Gemeinde führte. Ihn inspirierte die Wahrheit Gottes. Er war derjenige, der den Zugang zu den spirituellen, esoterischen und mystischen Geheimnissen des Glaubens hatte. Der Schiismus legitimiert denjenigen an der Macht, der göttli-

---

3 Al-Ma`mun (786-833) war der älteste Sohn Harun al-Rashids und bedeutender Abbasidenkalif. Während seiner Herrschaft benannte er den achten Imam der Schiiten zu seinem Nachfolger. Dieser starb jedoch, bevor er an die Macht kam.

ches Wissen hat, sowie denjenigen, der es sich durch ein Studium erworben hat. Außerdem gesteht er sie demjenigen zu, der eine spirituelle Fähigkeit besitzt, und nicht dem, der vom Volk gewählt wird. Daraus entstand ein Konflikt, der auch in der iranischen Verfassung von 1979 nicht gelöst wurde.

Den Schiismus im Iran nennt man auch Imamismus. Wieviele Imame hat es gegeben und welche Funktion haben diese bis heute in der schiitischen Lehre?

Es gab zwölf Imame nach dem Propheten. Der erste war, wie schon gesagt, Ali, danach folgten die weiteren genealogisch bis zum zwölften Imam. Der letzte Imam ist verschwunden. Dieses Verschwinden des letzten Imam wird von den Schiiten jedoch nicht als dessen Tod verstanden, sondern als eine Verborgenheit. Über die religiöse Ausdeutung des Weltendes, angekündigt durch die triumphale Rückkehr dieses verborgenen Imams am Ende der Zeit, hat sich dann die schiitische Theologie herausgebildet. Deshalb nennt man sie auch die Imamiten. In der Geschichte gab es jedoch auch andere schiitische Richtungen. Nach den bis in die Gegenwart bedeutendsten, den Imamiten oder auch 12er Schiiten, wegen ihrer zwölf Imame, sind es die Ismailiten. Sie trennten sich von den Imamiten, weil sie als Nachfolger für den sechsten Imam jemand anderen ansahen als die 12er Schiiten. Historisch spielten die Ismailiten im mittelalterlichen Ägypten eine bedeutende Rolle. Hier regierten sie zweihundert Jahre und wurden als Fatimiden-Dynastie bekannt. Heute gibt es noch kleinere ismailitische Gruppen in Indien, Pakistan und in der Diaspora.

Aber die Ismailiten spielen in der heutigen Zeit nicht mehr die Rolle, die sie besonders im Mittelalter hatten. Heute

sind es die 12er Schiiten, besonders im Iran. Ab wann
kann man denn tatsächlich von einem 12er Schiismus als
politisch-religiöser Kraft in der Gesellschaft sprechen?

Die schiitische Gemeinde spielte immer schon eine politische Rolle in der Geschichte. So in Mesopotamien während des Kalifats der Buyiden[4] im Mittelalter oder auch in
den syrischen Bergen. Aber erst ab dem Beginn des
16. Jahrhunderts, genauer ab 1501, wurde der Schiismus
zur Staatsreligion im Iran. Verantwortlich dafür war der
junge turkmenische Führer Schah Ismail I., der den Schiismus zum Kennzeichen seiner Bewegung machte, und nachdem er die Macht im Iran erobert hatte, die Safavidendy-
nastie begründete. Und dies, obwohl Schah Ismail selbst
kein Persisch sprach und einer Familie entstammte, die
sich gerade erst zum Schiismus bekannt hatte. Dennoch
zwang er die Eliten, den schiitisch-islamischen Glauben
anzunehmen. Der Iran wurde also durch eine gewaltsam
herbeigeführte politische Entscheidung schiitisch. Damit
trennte er sich von den anderen Teilen der islamischen
Welt. Es muß allerdings erwähnt werden, daß es schon
schiitische Gemeinschaften in den verschiedenen Städten
und in der iranischen Provinz gegeben hatte. Zudem exi-
stierte bei Intellektuellen und Gelehrten eine gewisse Sym-
pathie für den Schiismus. Aber erst mit Beginn der Safavi-
den-Dynastie wurde der Schiismus politisch institutionali-
siert. Daraus entstand jedoch ein neues Problem. Denn die
politische Herrschaft war an eine Dynastie gegangen, die
sie mit Gewalt erobert hatte und sie militärisch aufrecht-
erhielt. Die schiitische Doktrin zwang jedoch dazu, Theologen und schiitische Juristen abhängig von der schiitischen Lehre Gericht halten und Recht sprechen zu lassen.

4 Die Buyiden (945-1055) waren eine bedeutende iranische Dynastie zwischen
arabisch dominiertem Frühislam und türkischer Eroberung im 11. Jahrhundert.

41

Für die schiitischen Ulama hatte dies eine große symbolische Bedeutung. Mit der Zeit entstand jedoch ein geheimes Gleichgewicht zwischen der Monarchie auf der einen und den Theologen auf der anderen Seite. Die Herrscher legitimierten sich, indem sie vorgaben, Abkömmlinge eines Imam zu sein, was historisch falsch ist. Die Ulama dagegen legitimierten ihren Machtanspruch aus der Religion heraus. Das sicherte die Bedeutung des Klerus; denn man kann im Iran wirklich von einem Klerus sprechen, von einer Geistlichkeit und von Geistlichen. In den anderen Richtungen des Islam sind die Ulama zwar auch die Funktionäre der Religion, aber nicht wirklich mit dieser Unabhängigkeit, mit dieser Legitimität und dieser Macht versehen wie im Schiismus.

Der eine Unterschied zwischen Schiismus und Sunnismus ist die Rolle der Ulama. Aber es gibt noch einen zweiten, wichtigen Unterschied. Das ist die Betonung der Gerechtigkeit Gottes, aus der heraus das Imamat als Herrschaftsform, insbesondere im 20. Jahrhundert entwickelt wurde.

Für die Schiiten gibt es zwei Prinzipien, die sie den allgemeinen Prinzipien muslimischen Glaubens, die sind der Glaube an die Einheit Gottes, das Prophetentum Muhammads mit der koranischen Offenbarung und der des islamischen Rechtes, hinzufügen. Erstens der Glaube an das Imamat. Der Beistand des verborgenen Imam in der Zeit der Auferstehung, der Zeit des Weltendes ist hier von Bedeutung. Und zweitens das Prinzip der Gerechtigkeit Gottes. Dies ist eine Idee, die es auch bei den Sunniten gab, bei den sogenannten Mu'taziliten[5]. Aber die Schiiten haben daraus ein fundamentales Prinzip gemacht. Es besagt, daß

5 Die Mu'taziliten sind Anhänger der Mu'tazila, einer mittelalterlichen theologischen Schule, die die spekulative Dogmatik im Islam begründet hat.

Gott nicht gerecht ist, wenn er die Menschen bei seinen Handlungen nicht berücksichtigt und er sie nicht zum Guten führt. Darum ist den Menschen zu jeder Zeit ein Führer gegeben, der sie daran erinnert, den richtigen Weg zu gehen. Und alle gläubigen Schiiten müssen sich während ihres Lebens an diesen Imam wenden, damit er sie an Stelle von Gott führt. Nun taucht aber ein Widerspruch auf. Denn wenn der Imam verborgen ist und man nach der Erklärung dieses letzten Imam keinen Kontakt mehr zu ihm bekommen kann, muß man Vermittler finden, die seinen Platz einnehmen. Welche Kriterien nun bestimmen diesen Vermittler? Für bestimmte extremistische Schiiten gibt es weder Vermittler noch die Vorbeter während des Freitagsgebetes. Und viele rituelle Pflichten im Islam sind bis zur Wiederkehr des Imam ausgesetzt. Aber für die meisten schiitischen Imamiten gilt das nicht. Seit der safavidischen Epoche, in der die sogenannte Usulischule[6] die dominante Glaubensrichtung im Iran wurde, interpretiert man das Problem so: Zwar gibt es keinen direkten Kontakt zum letzten Imam, aber die Ulama, die Rechtsgelehrten können Anleitungen geben, die sich mit den Geboten des Imam vergleichen lassen. Daraus hat man nach und nach ein Konzept entwickelt. Der Rechtsgelehrte, der der gebildetste und geachtetste ist und der die religiösen Regeln besonders gewissenhaft respektiert, soll zum Führer gewählt werden. Diese Theorie entwickelte sich ab dem 19. Jahrhundert. Der Grund war der Wunsch, die spirituelle Macht in einem lebenden Geistlichen zu vereinen und ihn dann zum Führer der Gemeinde zu machen. Es gibt zahlreiche historisch-politische Gründe, die belegen, daß die

6 Die Usulischule hat ihren Namen von der Praxis des Räsonierens auf der Basis vorgegebener verbindlicher Prinzipien (arabisch: usul) bekommen. Sie erlaubt die Rechtsfindung durch logische Begründung (Idschtihad). Ihr gegenüber stand die sogenannte Akhbari Schule, die dies ablehnte. Dieser Gegensatz bestimmte die theologische Diskussion besonders im 17. und 18. Jahrhundert.

Ulama genau zu dem Zeitpunkt im 19. Jahrhundert dieses radikale Konzept theologischer Herrschaft entwickelten, als die religiösen schiitischen Zentren in Mesopotamien unter osmanischer Herrschaft standen und die Königsherrschaft im Iran nur eine relativ schwache Legitimation hatte. Dazu kamen besonders günstige Umstände, die die Verbreitung eines solchen Konzepts begünstigten. So die Möglichkeiten des Telegrafs, der es erlaubte, die Gläubigen überall im Iran über das, was die Theologen in Nadschaf und Kerbela veröffentlichten, schnell zu informieren. Der Telegraf erlaubte also diese Zentralisation, die vorher undenkbar gewesen wäre.

Welche Bedeutung haben die beiden Städte Nadschaf und Kerbela für die Schiiten?

Zunächst war ihre Rolle nur symbolisch. Später hatten sie eine besondere politische Bedeutung. Ali, der Schwiegersohn des Propheten, ist in Kufa getötet und in Nadschaf bestattet worden. Dieses Grab des ersten Imam wurde zu einem schiitischen Pilger- und theologischen Studienzentrum. Nach Mekka ist es der zweitwichtigste Pilgerort für die Schiiten. Kerbela andererseits ist der Ort, an dem der dritte Imam von der umayyadischen Armee…

Die Umayyaden[7] war eine Dynastie in der Frühzeit des Islam.

Die Dynastie der Umayyadenkalifen waren die erste Dynastie des Islam. Sie gelangten im 7. Jahrhundert an die Macht. Ihnen wurde aber genau in dem Augenblick, als sie

---

7 Die Umayyaden (661-750) leiteten ihren Namen von einem Verwandten des Propheten Muhammad, Umayya, ab. Unter ihrer Herrschaft weiteten sich die Grenzen des Islam im Westen bis an die Pyrenäen und im Osten bis weit nach Zentralasien und ins Industal aus.

ihre Macht gefestigt hatten, ihre Legitimität der Herrschaft von den Anhängern Imam Husseins, dem Sohn Alis, abgestritten. Hussein führte eine kleine Armee an, um die Umayyaden zu stürzen. Und eben in Kerbela ist diese Armee auf furchtbare Art und Weise vernichtet worden. Betrachtet man die machtpolitischen Verhältnisse der Zeit, ist dieses Ereignis zu vernachlässigen. Für die Heilsgeschichte der Schiiten dagegen ist es zentral. Es bezeichnet eben den Moment, wo ein Aufstand im Namen der Gerechtigkeit von eben den Leuten unterdrückt wurde, die sich islamisch legitimierten. Das Problem war eben die Legitimität der Umayyaden. Kerbela, das nicht weit von Nadschaf entfernt liegt und wo der Imam Hussein begraben wurde, wurde damit zu einem weiteren bedeutsamen Pilgerort für die Schiiten.

Beide Orte liegen im Moment im heutigen Irak.

Das ist richtig. Das Problem ist, daß es in den letzten Jahrhunderten immer eine Fixierung auf die beiden heiligen Stätten gegeben hat. Die Iraner hatten Mesopotamien eine Zeitlang beherrscht. Dann verloren sie jedoch die Kontrolle. Seit der Herrschaft der Safaviden nun versuchte man immer wieder, die Ebenen und damit die für die Schiiten so symbolischen heiligen Stätten unter Kontrolle zu bringen. Die türkischen Osmanen, die später nicht nur Anatolien, sondern auch den gesamten mittleren Osten beherrschten, sahen sich jedoch dem sunnitischen Islam verpflichtet. Sie vertrieben die Iraner in regelmäßigen Abständen aus Nadschaf, Kerbela und aus ganz Mesopotamien. Die heutige Grenze zwischen Iran und Irak entspricht in etwa derjenigen des 19. Jahrhunderts zwischen Iran und dem osmanischen Reich. Sowohl die iranisch-schiitischen Ulama wie die nicht iranisch-schiitischen Ulama lebten zwar in Nadschaf und Kerbela an heiligen Orten, die genauso wie der Schiismus von den Osmanen respektiert wurden. Sie fühlten sich jedoch viel mehr mit den Iranern verbunden und unter dem Schutz der iranischen Politik. Es ist ein wenig so, wie es für die Katholiken mit dem Vatikan ist. Das verstärkte die Bedeutung dessen, was die Theologen dieser beiden Städte entschieden.

Die Rolle der Ulama hat sich dann im 19. Jahrhundert verändert. Man entwickelte für das Problem der Leitung der Gesellschaft ein besonderes Konzept. Inwieweit hat sich dieses theoretische Konzept in der Praxis im 20. Jahrhundert durchgesetzt, und welche Rolle spielte der Einfluß des Westens?

Ich weiß nicht, ob man von einem Einfluß des Westens bei der Entwicklung dieser Herrschaftstheorie sprechen kann. Sicher ist, daß sich im 19. Jahrhundert die Theorie des velayat-e-faqih, also die Theorie der Herrschaft der Ulama, wie die Funktion des mardscha´at-taqlid, also desjenigen, der die Gläubigen leitet, langsam entwickelt. Aber sie galt zunächst nur im religiösen und juristischen Bereich und wurde nicht zur Erlangung politischer Macht gedeutet. Erst ab dem Ende den 19. Jahrhunderts und besonders nach der konstitutionellen Revolution im Iran 1906, in der sich die Ulama weiter vom Bereich der Administration und der Macht entfernt hatten, beanspruchten diejenigen Ulama, die die Modernisierung der Politik als Niederlage empfanden, eine größere Beteiligung und eine symbolischere Funktion in politischen Dingen. 1921, als sich die zuvor durch einen Staatsstreich an die Macht gekommenen Pahlavi zu etablieren begannen, um dann 1925 eine neue Dynastie zu gründen, radikalisierten sich die Ulama noch einmal, denn die neue Dynastie verschrieb sich einer maßlosen, westlich orientierten Politik. Zwar war der antireligiöse und antiislamische Kampf im Iran vielleicht weniger radikal als in der kemalistischen Türkei[8]. Aber man übernahm ungefähr dieselben Methoden und folgte derselben Leitlinie. Man wollte die Gesellschaft zu einer laizistischen Gesellschaft nach europäischem Modell hin verändern.

Können Sie Beispiele geben, welche politisch-gesellschaftlichen Veränderungen dies Vorhaben mit sich brachte?

Zum Beispiel an den Schulen. Man führte ein System mit Grund-, Mittel- und Hochschule ein, das die traditionelle islamische Lehre einschränkte und letztlich überflüssig machte. Oder im juristischen Bereich. Seit der konstitutionellen Revolution von 1906 hatten die Ulama die Kontrolle über alle sogenannten zivilen Angelegenheiten in der Rechtsprechung, wie Heirat, Scheidung, Erbschaft und so weiter. Aber nach der Einführung eines Zivilrechts mußten Richter drei Jahre Jura an einer modernen Universität studieren, entweder im Iran oder im Westen. Und alle Ulama, die kein solches Studium gemacht hatten, wurden aus den Gerichten entfernt. Genauso beschnitt man die Einnahmequellen des Klerus. Diese bestanden hauptsächlich darin, notarielle Dinge zu regeln, wie den Verkauf von Häusern oder die Beglaubigung von Handels- und anderen Verträgen. Ab dem Zeitpunkt aber, an dem man die Notare vom Justizministerium abhängig machte und dazu zwang, die neuen Gesetze des laizistischen Staates, die die Ulama ablehnten, zu akzeptieren, waren die Ulama von dieser Einnahmequelle ausgeschlossen. Veränderungen gab es aber auch im Alltag. Auf der Grundlage des neuen Zivilrechtes

---

8 Nach der Etablierung des neuen Staats- und Regierungssystems durch Kemal Atatürk begann in der Türkei eine Phase konsequenter Modernisierung und Säkularisierung, die sich das Zurückdrängen des Islam aus dem öffentlichen Leben zum Programm machte. Bedeutend ist auch die Schriftreform. Per Gesetz wurde 1928 eine modifizierte Lateinschrift anstelle der bis dahin verwendeten arabischen Schrift eingeführt.

erzwang man die Einführung westlicher Kleidung und verbot 1936 das Tragen des Schleiers. Eine Sache, die nach der islamischen Tradition von den Ulama verurteilt wurde. Es gab also eine forcierte Säkularisierung, und der Staat selbst wurde für den Klerus zum Feind. Paradoxerweise geschah dies genau in dem Moment, als sich das theologische Studium im Iran selbst verbesserte. Der Grund dafür war jedoch ein anderer. Er lag in der fehlgeschlagenen irakischen Revolution 1920, in der die irakischen Schiiten in Mesopotamien gegen das britische Mandat revoltiert hatten. Durch die Engländer war im Irak nun die Faisal[9]-Dynastie an die Macht gelangt, und die Schiiten empfanden das künstlich installierte Königshaus als eine Bedrohung für die Sicherheit der Theologen in Nadschaf und Kerbela. Durch die Ankunft des großen schiitischen Gelehrten Scheich Abd al-Karim Ha'eri Yazdi[10] 1922 aus Arak erstarkte die theologische Schule in Qom bei Teheran. Yazdi führte die schiitisch-islamische Tradition fort. Und genau zu dieser Zeit kam auch Khomeini[11] nach Qom und betrieb dort seine theologischen Studien weiter. Er blieb dann über 20 Jahre. Es ist sehr symbolkräftig, daß derjenige, der später die Monarchie im Iran stürzen sollte, seine Studien im Iran und nicht in Nadschaf machte. Zur selben Zeit übrigens, als Reza Pahlavi mit seinem Säkularisierungsprogramm begann. Ohne Zweifel entwickelte Kho-

---

9 König Faisal wurde von einer Konferenz, die der damalige Kolonialminister Winston Churchill einberufen hatte, am 11. Juli 1921 zum König des Irak ernannt. 1924 erklärte die verfassunggebende Versammlung den Irak zu einem souveränen Staat mit erblicher Monarchie. 1930 erlangte der Irak die Unabhängigkeit und wurde 1932 als erstes arabisches Land in den Völkerbund aufgenommen.

10 Ayatollah Abd al-Karim Ha'eri Yazdi (1859-1937) folgte 1922 einer Einladung aus Qom. Er reformierte den Lehrbetrieb an der Feiziyye, einer religiösen Hochschule, die schon im 9. Jahrhundert gegründet worden war. Zahlreiche iranische Ulama folgten ihm. Qom wurde damit zum Sammelbecken einer politisch antiimperialistisch eingestellten Elite.

11 Khomeini, Ruhollah Musavi, Ayatollah und Revolutionsführer während der Islamischen Revolution 1979.

meini seine Ablehnung der Moderne und des verwestlichten Staates, aus der eine systematisierte Theorie klerikaler Macht hervorging, angesichts dieser brutalen Säkularisierung.

Khomeini spielt in den letzten dreißig Jahren iranischer Geschichte eine besondere Rolle, weil er in dieser Zeit das Konzept einer islamischen Revolution entwickelt hat. Was verbirgt sich hinter diesem Konzept und wie gelang es Khomeini, diese Traditionen, die Sie eben genannt haben, aufzunehmen und die Ulama zu einem politischen Handeln im Rahmen seines Konzeptes einer islamischen Revolution zu führen?

Das ist ein komplexes Phänomen. Vielleicht kann man es besser verstehen, wenn man die Geschichte betrachtet. 1953 wurde eine große nationalistische Volksbewegung durch einen Staatsstreich, der vom Westen, vom CIA unterstützt wurde, niedergeschlagen. Das Scheitern der nationalistischen Bewegung entfernte insbesondere die politischen Eliten der Monarchie unter Muhammad-Reza Schah, dem letzten Schah, der von den Amerikanern und dem Westen unterstützt wurde, von der iranischen Bevölkerung. 1963, als die Reformen des Schahs, die unter dem Druck der Amerikaner eingeleitet wurden, die iranische Gesellschaft und Wirtschaft zu verändern begannen – in Wirklichkeit war es eine große Agrarreform –, wurden die Ulama zum Symbol des Widerstands gegen eine falsch verstandene und nicht akzeptierte Verwestlichung. Das heißt, auf der einen Seite haben wir eine von oben vorgeschriebene, autoritär durchgeführte Modernisierung, und auf der anderen Seite das Fehlen jeglicher politischer Vermittlung. Von allen Kritikern kam dies ausschließlich den Ulama zugute, denn sie standen in radikaler Opposition zu den Reformen. Von den nationalistschen und liberalen Eliten wurden sie nicht ernst genommen. Erst 1963, als es zu einem Aufstand gegen die Verhaftung von Khomeini durch die Polizei des Schahs kam, verstanden die iranisch-nationalistischen Intellektuellen, daß der Klerus ein effektives Bollwerk sei und die Massen gegen eine Modernisierung mobilisieren könnte, die tatsächlich eine Unterwerfung unter amerikanische Hegemonie war. Angesichts der fehlenden effizienten Reaktion anderer Gruppen blieb auch niemand bis auf den Klerus. Auf der anderen Seite waren es die Ulama selbst, die, nachdem sie zuvor nicht wußten, welche Position sie gegenüber der politischen Macht einnehmen sollten, sich nach dem Scheitern der ersten Demonstrationen 1963 bewußt wurden, daß man weiter gehen mußte. So entwickelte Khomeini erst 1964, nachdem er ins irakische Exil ging, eine radikalere Negation der Legitimität demokratischer Prinzipien.

Berücksichtigt die iranische Verfassung diese theoretischen Konzeptionen Khomeinis und kann man damit tatsächlich von einem Gottesstaat Iran sprechen?

Ich glaube nicht. Es gibt einen Widerspruch in der Verfassung von 1979. Zwar wurde darin das theokratische Prinzip des velayat-e-faqih systematisiert und fand auch in groben Zügen zumindest unter Khomeini seine Anwendung. Aber dieses Prinzip der religiösen Führerschaft wird durch die generelle Akzeptanz des allgemeinen Wahlrechtes aufgehoben. Ein Wahlrecht, das für drei unterschiedliche Bereiche Gültigkeit besitzt. Erstens für die Bestimmung der religiösen Gelehrten selbst, die wiederum ihren Führer bestimmen; zweitens für die Wahl des Präsidenten der Republik, und schließlich für die Wahl des Parlamentes, das letztlich sogar selbst legislative Macht ausübt und in dem sich sogar auch Frauen befinden. Alles dies sind Dinge, die vorher von den Ulama abgelehnt wurden und nun akzeptiert werden. In der ersten iranischen Verfassung von 1906 gab es die nach vielen Diskussionen festgeschriebene Möglichkeit, daß der Klerus Gesetze verhindern könnte, die sich gegen den Islam richten. Derzeit haben wir in der Verfassung etwa dasselbe Prinzip mit ein wenig mehr verbaler Bejahung klerikaler Herrschaft. Aber in Wirklichkeit sind es ähnliche Repräsentationsformen, die das aktuelle System besser funktionieren lassen als die vorherigen Systeme. Natürlich gibt es keine freien Wahlen, aber es gibt zumindest mehr Debatten im Parlament als während der Zeit der Pahlavi-Monarchie.

Wie muß man diesen Staat dann benennen, einen autoritären oder einen totalitären Staat?

Einen populistischen Staat mit allem, was der Begriff populistisch an Gefährlichem beinhaltet. Zum Beispiel die Demagogie, den Absolutismus, ähnlich einem totalitären Staat, der zur gleichen Zeit aber über eine Repräsentation des Volkes verfügt, die zehnmal besser funktioniert als in den ehemaligen Ostblockstaaten. Das heißt, daß es eine bestimmte Repräsentation des Volkes in den politischen Institutionen gibt. Und jetzt, siebzehn Jahre nach der Revolution, zeichnet sich ein neues Phänomen ab. Die Intervention der Ulama in die Politik wird zunehmend zurückgewiesen. Dies könnte – aber dazu muß man es weiter beobachten – eine Säkularisierung der islamischen Republik bedeuten.

Auswahl der Publikationen

Richard, Yann: Ayatollah Kashani – ein Wegbereiter der islamischen Republik? – Übers. aus dem Franz. von Jan-Heeren Grevemeyer. In: Greussing, Kurt (Hrsg.): Religion und Politik im Iran. Frankfurt a.M. 1981, S. 277-305.

Richard, Yann: Die unvollendete Revolution. Der Iran auf der Suche nach einer neuen Modernität. In: Freibeuter 42, Berlin 1989, S. 141-145.

Richard, Yann: Entre l'Iran et l'Occident Adaption et assimilation des idees et techniques occidentales en Iran. Paris 1989.

Richard, Yann: Der verborgene Imam. Die Geschichte der Shia im Iran. Berlin 1989.

Richard, Yann: Ehe auf Zeit oder Prostitution? Frauenrollen im schiitischen Islam. In: Freibeuter 48. Berlin 1991, S. 61-73.

Weiterführende Literatur (Auswahl)

Göbel, Karl-Heinrich: Moderne schiitische Politik und Staatsidee. Opladen 1984.

Greussing, Kurt (Hrsg.): Religion und Politik im Iran. Frankfurt a.M. 1981.

Halm, Heinz: Die Schia. Darmstadt 1988. Als Taschenbuch München 1995.

Gudrun Krämer

Islam und Menschenrechte

Christoph Burgmer:
Das Thema unseres Gespräches ist die Frage der Men-
schenrechte im Islam. Oder sollte man besser sagen »isla-
mische Menschenrechte«?

Gudrun Krämer:
Ich habe nichts gegen den Begriff »islamische Menschenrechte«, wenn damit gemeint ist, daß Muslime Menschenrechte ausdrücklich auf der Grundlage des Islam formulieren und sie dann auch als »islamische Menschenrechte«
beschreiben. Menschenrechte »im Islam« ist immer dann
richtig, wenn man eher von der Realität spricht und danach fragt, wie Menschenrechte im islamischen Kultur-
raum praktiziert und auch definiert werden.

Menschenrechte sind die unveräußerlichen, natürlichen
Rechte des Individuums, die diesem qua Existenz verlie-
hen werden und jeder positiven Gesetzgebung des Men-
schen vorgeordnet sind. Sie beanspruchen universelle Gel-
tung. Andererseits ist es aber eine Tatsache, daß sie sich hi-
storisch als Produkt westlicher Politik- und Ideenge-
schichte entwickelt haben. Diese Spannung wird gerade in
der islamischen Welt viel mehr als im Westen wahrgenom-
men. Warum ist das der Fall?

Weil man immer wieder fragt, ob hier Theorie und Praxis
zusammenpassen, ob also der Westen, von dem hier ganz
pauschal gesprochen wird, die Menschenrechte, die er für
universal erklärt, selbst praktiziert. Und daraus wird häufig der Einwand und der Vorwurf abgeleitet, der Westen

selber praktiziere die naturrechtlich begründeten und universal gültigen Menschenrechte selber nicht und daher könnten sie auch für nichtwestliche Gesellschaften nicht maßgeblich sein.

Spricht daraus eine spezielle Erfahrung, die man in islamischen Ländern mit den Menschenrechten und dem Westen hat?

Mit dem Westen ja, mit den Menschenrechten vielleicht etwas weniger. Sie spielen auf die koloniale Erfahrung an, die im Nahen und Mittleren Osten so gut wie alle Länder und Gesellschaften direkt oder indirekt erfahren haben. Dies dient nun vielen Zeitgenossen dazu, universale Ansprüche mit der Begründung zurückzuweisen, sie seien in der Vergangenheit von den Europäern mißachtet worden und würden in der Gegenwart vom Westen insgesamt immer noch mißachtet und mit Füßen getreten.

1948 sind die Menschenrechte durch die Menschenrechtserklärung der Vereinten Nationen zum internationalen Maßstab des Völkerrechts geworden. Haben denn alle islamischen Staaten trotz der Erfahrung der Kolonialisation und der späteren Befreiung diese Menschenrechte ratifiziert?

Unter den wenigen muslimischen Staaten, die sich nicht ausdrücklich islamisch definierten und die 1948 schon unabhängig waren, haben einige, ungeachtet ihrer kolonialen Erfahrungen, zugestimmt. Andere haben Vorbehalte angemeldet, etwa Saudi-Arabien, das nicht kolonisiert war und das erklärte, die allgemeine Religionsfreiheit sei aus islamischer Sicht nicht akzeptabel. Das war also ein Vorbehalt, der, um mich zu wiederholen, nicht aus der kolonialen Erfahrung heraus gemacht wurde, sondern aufgrund einer

bestimmten Auslegung des islamischen Erbes beziehungsweise des Koran.

*Die Menschenrechte sind in den letzten Jahren ein vieldis-
kutiertes Thema, wenn es um die Beziehungen zwischen
dem Westen und islamischer Welt geht. Ja, man kann sich
des Eindrucks fast gar nicht erwehren, als wären Menschenrechte und Islam, – so jedenfalls einige Publizisten –
zwei sich gegenüberstehende universelle Konzepte. Kann
man das so einfach behaupten?*

Das kann man ganz sicherlich nicht. Der Islam ist eine Religion, eine Kultur, die auch bestimmte Rechtsnormen umfaßt, während die Menschenrechte nur einen bestimmten
Bereich menschlicher Existenz beschreiben. Die beiden
können sich nicht in toto widersprechen. Man kann nur
fragen, ob Muslime den Islam so deuten, subjektiv so deuten, daß Menschenrechte nach westlicher Definition in
ihm keinen Platz finden, beziehungsweise daß aus ihrer
Sicht der Islam dem universellen Menschenrechtskonzept
zuwidersteht. Solche Muslime gibt es. Sie sind aber aus
meiner Sicht in der Gegenwart nicht in der Mehrzahl.

*Jetzt muß man weitergehend fragen, ob Religion und Men-
schenrechte sich nicht naturgegeben sowieso gegenüber-
stehen?*

Man kann meines Erachtens nur sagen, daß in einem religiösen Verständnis – und das gilt für das christliche und
jüdische ebenso wie für das muslimische – Menschenrechte nicht aus einem »Naturrecht« abgeleitet werden,
das seinerseits ja nicht rational hinterfragt werden kann,
sondern als gottgegeben gilt. In der Begründung wird also
auf jeden Fall ein Unterschied zur modernen, naturrechtlich definierten Menschenrechtsidee bestehen. Das muß

aber nicht bedeuten, daß die inhaltliche Ausfüllung des Menschenrechtsbegriffes den für universal erklärten Menschenrechten widerspricht.

Und trotzdem verbirgt sich dahinter ein grundsätzlich anderes Menschenbild?

Ja, aber wiederum in dem Sinne, daß, wenn man es auf den Islam einschränken will, für gläubige Muslime der Mensch Kreatur Gottes ist. Er ist von Gott und als »Stellvertreter Gottes« auf Erden eingesetzt mit dem Auftrag, Gottes Gebot zu erfüllen. Diese Stellung als »Stellvertreter Gottes« verpflichtet den Menschen aus muslimischer Sicht zum Gehorsam gegenüber Gott. Menschenrecht, soweit es aus dieser Stellvertreterschaft oder einer grundsätzlich angenommenen Menschenwürde abgeleitet wird, ist immer gebunden an Menschenpflicht, und Pflicht heißt Gottesdienst, Gottesverehrung. Insofern, da würde ich Ihnen völlig zustimmen, haben wir es mit einer anderen Grundvorstellung zu tun als im modernen, weitgehend säkularisierten Menschenbild und in der modernen säkularisierten Menschenrechtskonzeption.

In den 80er Jahren sind eine Reihe von Erklärungen islamischer Vereinigungen und muslimischer Intellektueller und Theologen zum Thema Menschenrechte und Islam erschienen. Wie hat sich das theoretische Verständnis der Menschenrechte in der islamischen Welt entwickelt?

Hauptsächlich in der Auseinandersetzung mit den für universal erklärten Konzeptionen, die im wesentlichen in westlichen Kreisen entwickelt wurden. Man ist also von außen angestoßen worden und hat nun versucht zu begründen, wie aus eigener islamischer, muslimischer Sicht Menschenrechte aussehen sollen, Menschenrechte insgesamt und islamische Menschenrechte im besonderen. Hier hat es zahlreiche Überlegungen gegeben, die kein geschlossenes, einheitliches »islamisches« Bild ergeben. Eine Vielzahl von Einzelpersonen und von internationalen Organisationen, die sich islamisch verstehen, haben sich dazu geäußert. Ein gesamtislamischer Konsens steht jedoch nach wie vor aus.

Können Sie einige dieser Einzelpersonen und Organisationen nennen?

Wir haben auf der einen Seite prominente Muslime, seien sie Rechtsgelehrte, seien sie Aktivisten in islamischen Bewegungen, sei es, daß sie sich einfach als »islamische Denker« verstehen, die mit Büchern, Artikeln oder sonstigen Stellungnahmen zu Islam und Menschenrechten oder islamischen Menschenrechten hervorgetreten sind und die damit durchaus eine Breitenwirkung erzielt haben. Manchmal vielleicht eine größere Breitenwirkung als international tätige islamische Organisationen, die auch mit Dokumenten hervorgetreten sind, aber nicht als repräsentativ für die Muslime oder eine große Gruppe von Muslimen gelten können. Das gilt etwa für den Islamrat in Europa, der 1981 mit einer vielbeachteten Deklaration zu den Menschenrechten im Islam hervorgetreten ist, der aber keine erkennbare Basis hat und in der islamischen Welt erkennbar keine größere Zahl von Muslimen repräsentiert. Wir haben daneben Äußerungen der Organisation der »Islamischen Konferenz« und anderer islamischer Gremien, also eine ganze Reihe von Einzelpersönlichkeiten und Gremien, von denen aber keine, wie gesagt, für die Muslime insgesamt, geschweige denn für den Islam als solchen sprechen könnte.

Ich möchte nochmal auf den Islamrat für Europa zu spre-
chen kommen und die 1981 veröffentlichte Allgemeine Er-
klärung der Menschenrechte im Islam. Zu Beginn heißt es
da: ›Im Namen Gottes, des Erbarmers, des Barmherzigen‹.
Ist dies kein Hinweis auf die religiöse Determinierung und
den Gegensatz zu dem universellen individuellen Gültig-
keitsanspruch der allgemeinen Menschenrechte?

Ich glaube nicht, daß daraus ein Gegensatz erwachsen
muß. Aber diese andere Begründung von Menschenrechten, die ja vorhin schon angesprochen wurde, wird deutlich. Es ist eine religiöse, die die Menschenrechte zum Aus-
fluß göttlicher Gnade macht, Menschenrechte also nicht
als angeboren, unveräußerlich versteht, sondern als Got-
tesgabe, wobei sie durchaus jedem Menschen als Menschen zukommen kann und nicht nur den Muslimen und
den gläubigen Menschen.

Allerdings befremdet es mich doch sehr, wenn ich in der
Einleitung der islamischen Menschenrechte lese, vor vier-
zehn Jahrhunderten hätte der Islam die Menschenrechte
umfassend und tiefgründend als Gesetz festgelegt.

Das halte ich für Apologetik. Es herrscht eine weitverbrei-
tete Tendenz, zur Abwehr westlicher Hochmütigkeit immer wieder darauf zu beharren beziehungsweise es so dar-
zustellen, als habe der Islam die Werte der Menschheit, die
auch vom Westen reklamiert werden, schon lange vor dem
Westen umfassend ausgearbeitet und als seien sie im Islam,
wenn er nur richtig verstanden wird, umfassender definiert
und besser geschützt als im Westen. Besser geschützt, weil
sie als von Gott gegeben dargestellt werden. Das ist ein
sehr häufig anzutreffender Zug, und ich sehe ihn im wesentlichen unter dem Vorzeichen der Selbstverteidigung
oder der Apologetik.

Woraus leiten Muslime die islamischen Menschenrechte überhaupt ab?

Die Muslime greifen, wie fast immer in der zeitgenössischen Diskussion, auf den Koran zurück, den Koran als die nun wirklich unbestrittene Grundlage, das Fundament der islamischen Religion. Im Koran, der als unmittelbares, also nicht von Menschen vermitteltes Gotteswort gilt, finden Sie durchaus Ansätze, die es ermöglichen, sich der modernen Menschenrechtskonzeption anzunähern: die Idee, daß die Menschen als Stellvertreter Gottes auf Erden eingesetzt sind, daß sie mit Würde ausgestattet sind und zwar individuell, daß Gerechtigkeit und Gleichheit walten sollen. Alles dies sind Ansätze, die der Koran bietet, die aber von den Muslimen erst noch weiterentwickelt werden müssen. Dagegen kann man ganz sicherlich nicht sagen, daß der Koran bereits die modernen Menschenrechte verankert habe.

Der Versuch der Muslime, selber eine Erklärung für Menschenrechte zu entwickeln, ist also eine Interpretation vorhandener Quellen?

Ganz richtig. Immer wenn wir es heute mit Äußerungen zu tun haben, wie: Der Islam sagt dieses, der Islam will jenes, der Islam verbietet ein Drittes, dann stellt das die Meinungsäußerung von Muslimen über den Islam beziehungsweise den Koran dar. Der Koran beinhaltet durchaus bestimmte positive Aussagen, aber wie sie verstanden und wie sie angewandt werden, ist immer noch eine Sache von Menschen, seien es Muslime, seien es Nichtmuslime. Insofern haben wir einen Text, der in manchem vielleicht eindeutig sein mag, der aber gedeutet wird. Und dies gilt für die Konzeption der Menschenrechte ebenso wie für jedes andere beliebige Thema.

Eine besondere Rolle und im Westen stark kritisiert in isla-mischen Menschenrechtskonzeptionen spielen die Hadd-Strafen. Was sind das für Strafen und wie finden sie Ein-gang in die islamischen Menschenrechtskonzepte?

Es gibt hier ganz sicherlich Probleme. Die sogenannten Hadd-Strafen, im Plural Hudud, beschreiben bestimmte Delikte und Strafen, die nach muslimischer Rechtsauffas-sung von Gott beziehungsweise von dem Propheten für alle Zeiten verbindlich festgelegt wurden. Das sind nur ausgewählte Delikte, die in der modernen Strafgesetzge-bung nicht unbedingt zentral sein mögen. Es handelt sich in erster Linie um Diebstahl, um Straßenraub, um Alko-holgenuß und um die Apostasie, die häufig dazugerechnet wird. Wichtige Delikte wie Mord sind darunter gar nicht gefaßt. Das Problem liegt nun darin, daß nach muslimi-scher oder islamischer Rechtsauffassung die Strafen unbe-dingt angewandt werden müssen, wenn diese Delikte zwei-felsfrei nachgewiesen wurden. Dabei handelt es sich um Körperstrafen wie Auspeitschung bis hin zur Todesstrafe, etwa durch Steinigung. Ich habe ein wichtiges Delikt vor-her nicht genannt, das ist der illegale Geschlechtsverkehr. Hier ist die Strafe nach muslimischer Rechtsauffassung Auspeitschung oder Steinigung der Delinquenten. Nun ist aber nach klassischer Rechtslehre zunächst einmal zwei-felsfrei festzustellen, daß der illegale Geschlechtsverkehr überhaupt vollzogen wurde. Meistens handelt es sich, um es etwas einfacher auszudrücken, um Ehebruch. Und wer-den Augenzeugenberichte oder das Geständnis der Betei-ligten gefordert. Nun sind das Nachweisverfahren, die in der Moderne kaum praktiziert werden können. Wie soll man sich vorstellen, daß in der modernen Gesellschaft der Ehebruch, der in einer Wohnung vollzogen wird, von vier männlichen, unbescholtenen muslimischen Zeugen beob-achtet wird? Das Problem liegt also darin, daß die Strafe und das Prozeßrecht vormodernen Bedingungen angepasst sind und eine Übertragung auf die modernen Lebensverhältnisse zu großen Härten und zu Mißbrauch führen kann, sowie darin, daß wir es hier mit Körperstrafen zu tun haben, die dem modernen, nichtislamischem Rechtsverständnis zuwiderlaufen.

Sie sagen, diese Strafen würden kaum angewandt. Dennoch liest man in Zeitungen immer wieder von Steinigen, zum Beispiel in Iran oder Saudi-Arabien.

Dies gibt es durchaus in bestimmten ländlichen Zonen, in denen traditionelle Rechtsvorstellungen weiter Gültigkeit haben, unabhängig davon, was die Staatsmacht dazu sagt. Zusätzlich gibt es die Möglichkeit des Mißbrauchs, insofern als staatliche, regionale oder örtliche Machthaber sehr wohl behaupten können, daß harte Strafen, die in großem Maße der Einschüchterung der eigenen Bevölkerung dienen, islamisch seien.

Ein weiteres Problem ist die unterschiedliche Bewertung des Gleichheitsgrundsatzes.

Hier haben wir es mit einem Kernbereich der Problematik zu tun. Von muslimischer Seite wird man immer wieder hören, Gleichheit sei einer der Grundwerte des Islam, koranisch festgelegt und durch den Propheten und die Rechtslehre bestätigt. Das stimmt auch in Teilen, wobei man sich am besten eine Formel merkt, die lautet: Es besteht Gleichwertigkeit, aus der aber nicht zwangsläufig Gleichbehandlung vor dem irdischen Richter folgt. Nach islamischer Rechtsauffassung sind Mann und Frau, Muslim und Nichtmuslim, solange sie alle gläubig sind, vor Gott gleichwertig, aber nicht unbedingt vor dem irdischen Richter, das heißt vor dem Gesetz. Es kann also sehr wohl sein, daß man in einem islamischen Traktat zu den Menschenrechten oder in einer Menschenrechtsdeklaration zunächst die Bestätigung des Gleichheitsgrundsatzes findet, dann aber die Einschränkung, diese Gleichheit solle innerhalb der Schranken der Scharia, also der islamischen Rechts- und Werteordnung beziehungsweise allgemein innerhalb der Schranken des Islam gelten. Und das bedeutet etwa im Verhältnis von Mann und Frau, daß bestimmte Ungleichheiten im Ehe- und Familienrecht gewahrt bleiben: So das Recht des Mannes auf bis zu vier Ehefrauen, wenn sie alle gleichbehandelt werden, das Züchtigungsrecht in der Ehe, die Ungleichbehandlung in der Erbteilung und die Benachteiligung von Frauen im Zeugnisrecht, insofern als die Aussage einer Frau nur halbsoviel zählt wie die eines Mannes. All dies wird aus der Sicht der islamischen Gremien oder muslimischen Einzelpersönlichkeiten nicht als Verletzung des grundsätzlichen Gleichheitsgebotes verstanden. Es ist aber aus der Warte eines nicht-muslimischen, nicht-islamistischen Außenseiters durchaus eine Verletzung dieses Gleichheitsgebotes. Ähnliches könnte man über den Status von Nichtmuslimen in einer muslimischen Gesellschaft sagen. Auch hier zunächst wieder die Aussage: a) »Kein Zwang in der Religion« und b) grundsätzliche Gleichwertigkeit vor Gott, zumindest der Gläubigen. Was mit Atheisten geschehen soll, ist wieder eine andere Frage. Dann aber die Betonung, diese Gleichheit gelte im Rahmen des Islam beziehungsweise der Scharia und daraus sei abzuleiten, daß Nichtmuslime bei Achtung ihrer grundsätzlichen Gleichwertigkeit doch in konkreten zivil- und strafrechtlichen Fragen Muslimen nicht gleichgestellt werden könnten.

Gilt der Unterschied nicht auch für diejenigen, die einer Buchreligion, also Christen, Juden, Zoroastrier und anderen Religionen angehören?

Nach islamischer Lehre wird unterschieden zwischen denjenigen, die einer Buchreligion angehören, die also eine Offenbarungsschrift besitzen, Juden und Christen auf der einen Seite und den Heiden, die mehrere Götter anbeten und keine Offenbarungsschrift haben auf der anderen. Sie haben sogar noch eine weitere Kategorie, die jene erfaßt, die einer Religion angehören, die auf islamischer Grundlage nach dem Propheten Muhammad entstand, etwa die Baha`i[1] in Iran und außerhalb Irans und die Ahmadiyya[2] in Pakistan und außerhalb Pakistans. Diese Kategorien haben in der islamischen Rechtslehre, auch so, wie sie heute vorrangig gedeutet wird, einen unterschiedlichen Status. Das bedeutet unterschiedliche Rechte und unterschiedlichen Schutz.

Die Religions- und Gedankenfreiheit bildet eine besondere Problematik. Gerade wenn ich mir die Verteufelung des Kommunismus und des Westens während der iranischen Revolution vor Augen führe.

Wiederum eine absolut zentrale Frage, die allerdings besonders schillernd ist und sehr unterschiedlich gedeutet wird. Grundsätzlich steht im Koran, wie es scheint, völlig eindeutig, daß es keinen Zwang in der Religion gibt. Daraus kann man eine völlig uneingeschränkte Religions-, Gedanken- und Meinungsfreiheit ableiten. Einzelne Muslime tun das auch. Die Mehrheit allerdings schränkt wiederum ein und sagt: Kein Zwang in der Religion, das heißt, der Is-

1 Der Baha`ismus wurde von dem Iraner Mirza Husain (1817-1892) gegründet. Es ist eine synkretistische Religion mit universalistischem Anspruch. In Iran gelten die Baha`i, ähnlich wie die Scheikhi und Babi als Apostaten und sind Verfolgungen ausgesetzt.
2 Die Ahmadiyya entstand aus den Lehren von Mirza Ghulan Ahmad (1839-1908). Zu Konflikten mit Muslimen kam es insbesondere, als er 1904 behauptete, der »Buruz«, also die Erscheinung Muhammads zu sein. Das religiöse Zentrum der Ahmadiyya liegt in Rabwah/Pakistan. Nach eigenen Angaben hat die Ahmadiyya eine Million Anhänger weltweit.

lam soll nicht mit Feuer und Schwert verbreitet werden. Die Menschen sollen nicht zu ihrem Glück gezwungen werden, weil Gott beschlossen hat, neben Gläubigen auch Ungläubige leben zu lassen. Aber, und dies ist nun wirklich eine grundlegende Einschränkung, die große Mehrzahl derjenigen, die sich zu Islam und Menschenrechten aus muslimischer, islamischer Warte äußern, sagt, daß die Gedankenfreiheit zwar uneingeschränkt bestehe, eine Inquisition also nicht stattfinden solle, daß aber die Redefreiheit eingeschränkt werden soll auf den Rahmen des Islam oder die Gebote von Sitte und Anstand. Wer aber festlegt, was Sitte und Anstand gebieten und was der Rahmen des Islam ist, ist eine politische Frage. Dieser Rahmen wird in den einzelnen Ländern, Gesellschaften und Gruppen natürlich sehr unterschiedlich gezogen. Das Problem liegt also darin, daß zunächst ganz klar gesagt wird, daß es keinen Zwang in der Religion gibt, die Freiheit dann aber eingeschränkt wird auf den Rahmen des Islam. Damit besteht die Möglichkeit, jedem den Mund zu verbieten oder die künstlerische Ausdrucksfreiheit zu nehmen, der aus der Sicht der tonangebenden Kräfte diesen Rahmen überschreitet, sei es ein Schriftsteller, ein bildender Künstler, ein Musiker oder ein politisch aktiver Mensch.

Das heißt also, daß letztlich das Grundrecht der freien Meinungsäußerung nicht besteht?

Es besteht nur in eingeschränktem Maße. Es kann zwar ganz umfassend definiert werden. Jedenfalls ist dies auf islamischer Grundlage möglich, wenn man das will. Einzelne, und dazu gehören auch prominente Islamisten, tun das auch. Aber die große Mehrzahl der Islamisten und muslimischen Rechtsgelehrten vertritt restriktivere Vorstellungen, denen zufolge das Recht auf Meinungsfreiheit dort seine Grenzen findet, wo der Islam angegriffen, der

Prophet beleidigt, der Koran in den Schmutz gezogen wird oder die Vorstellungen von Sitte und Anstand verletzt werden. Wie fragwürdig und vage das ist, muß man im einzelnen nicht ausführen.

Betrachtet man die Reaktionen in der islamischen Welt auf den Fall Rushdie, so findet man sich heftig widersprechende Meinungen, die ja auch die Diskussion um die islamischen Menschenrechte widerspiegeln.

Nach meinem Eindruck sind sehr viele der Muslime, die Rushdies »Satanische Verse« überhaupt gelesen haben, durchaus schockiert darüber, was er geschrieben hat. Schockiert, weil sie es für einen gemeinen Angriff auf den Islam halten, der den Propheten und seine Familie in den Schmutz zieht. Das heißt aber nicht, daß die große Mehrzahl unter ihnen nun die Fatwa des Imam Khomeini als Führer der iranischen Republik gutheißt, der Rushdie zum Apostaten, also zum Abtrünnigen vom Islam erklärt und gewissermaßen zum Abschuß freigibt. Das Schockiertsein bedeutet für viele Muslime also nicht, daß sie ein Todesurteil, das dieses Rechtsgutachten de facto war, gutheißen würden.

Aber viele Muslime würden sich mit dem Urteil in dem Fall des ägyptischen Literaturwissenschaftlers Nasr Hamed Abu Zaid einverstanden erklären.

Nasr Hamed Abu Zaid ist in die Schußlinie, fast im wörtlichen Sinne, islamischer Kräfte geraten, weil er den Koran, und hier ist es im Moment sehr brisant, einer literaturkritischen Analyse unterzogen hat. Das ist für viele zeitgenössische Islamisten bereits so gut wie ketzerisch.

Wie begründen die Islamisten ein solches Urteil?

Damit, daß er den heiligen, göttlichen Text des Koran wie einen von Menschen verfaßten Text behandele, und daß das Ketzertum bedeute. Diese Deutung muß im aktuellen politischen Klima verstanden werden. Das heißt nicht, daß nicht Gelehrte früherer Jahrhunderte Ähnliches getan hätten, ohne daß man sie des Ketzertums geziehen hätte. Abu Zaid ist deshalb in die Schußlinie geraten, weil er in einem bereits sehr aufgeladenen Klima mit modernen, kritischen, literaturwissenschaftlichen Methoden an den Korantext herangegangen ist. Was er genau gemacht hat, ist der Mehrzahl der Muslime gar nicht bekannt. Wenn man ihnen aber erzählt, Nasr Hamed Abu Zaid sei ein Ketzer, dann werden sie das glauben, ohne damit notwendigerweise gutzuheißen, daß man ihn physisch bedroht, oder daß seine Ehe zwangsgeschieden wird, wie das in Ägypten in erster Instanz geschehen ist.

Was bedeutet die Diskussion über die islamischen Menschenrechte für die Entwicklung einer politischen Öffentlichkeit in den Ländern der islamischen Welt?

Sie ist zentral, weil viele Muslime versuchen, zu diesem Thema auf islamischer Grundlage moderne Positionen zu formulieren, und diese modernen Positionen sind durchaus nicht deckungsgleich mit der islamischen Tradition. An dieser konkreten Frage zeigt sich, wie unterschiedlich die Neudeutungen des Islam ausfallen und mit welch unterschiedlichen Zielsetzungen und Interessen sie formuliert werden. Das befeuert eine innerislamische, innermuslimische intellektuelle Diskussion, die erschreckenderweise gelegentlich aber auch physisch, also durchaus gewalttätig ausgefochten wird. Im wesentlichen haben wir es aber mit einer intellektuellen, politisch sehr brisanten Auseinandersetzung zu tun, die in keiner Weise abgeschlossen ist.

Spielt dabei die Politisierung des Islam, wie man sie im 20. Jahrhundert feststellen kann, eine entscheidende Rolle?

Die Auseinandersetzung mit den Menschenrechten ist von vornherein eine politische Frage. Viele Musliminnen und Muslime, darunter auch Islamisten, klagen die Achtung der Menschenrechte, schariamäßig definiert, ein. Das ist eine politische Forderung. Regime dagegen wenden sich vielfach gegen die Idee der universalen Menschenrechte, weil sie ihre Herrschaftsansprüche bedroht sehen. Das Ganze ist also von der Politisierung des Islam nicht zu trennen und ist gleichzeitig ein wesentlicher Ausdruck der Ambivalenz dieser Politisierung. Denn auf der einen Seite kann sie zu Mißbrauch führen, auf der anderen Seite aber auch eine Annäherung an universelle Normen und eine Neudeutung restriktiver Rechtsvorschriften ermöglichen.

Auswahl der Publikationen

Krämer, Gudrun: Ägypten unter Mubarrak: Identität und nationales Interesse. Baden-Baden 1986.

Krämer, Gudrun: The Jews in Modern Egypt, 1914-1952. London, Seattle 1989.

Aufsätze zu Islam, Menschenrechten und Minderheiten.

Annemarie Schimmel

Der Sufismus

Christoph Burgmer:
Roger Bacon, franziskanischer Mönch und einer der größ-
ten Denker des Mittelalters, schrieb 1268 über verschie-
dene Methoden der Wissensaneignung: »Es gibt zwei For-
men des Wissens, Wissen durch Beweisführung und Wis-
sen durch Erfahrung.« Er bezog sich dabei auf sufische
Methoden, denn er war stark von der Lehre Ibn Sinas be-
einflußt. Ist der Sufi jemand, der beide Wissensaneig-
nungsmethoden in sich vereint?

Annemarie Schimmel:
Der Sufi würde eher die Wissensaneignung durch Erfahrung oder das intuitive Wissen vorziehen. Er hat eine gewisse Scheu vor dem rein intellektuellen Wissen und be-
vorzugt, was der Koran »ilm ladunni«, »ein Wissen von
Mir«, also ein göttlich inspiriertes Wissen nennt, und versucht sich von der Buchweisheit möglichst weit zu entfer-
nen.

Aber in der islamischen Lehre ist ein Buch zentral, nämlich
der Koran. Welche Rolle spielt es für den Sufi?

Der Koran ist, wie für jeden Muslim, das Herzstück des
Glaubens. Er gilt dem Muslim als das von Gott unmittel-
bar inspirierte Wort und entspricht, theologisch gesehen,
der Rolle Christi im Christentum. Christus ist für den
Christen das inkarnierte, das fleischgewordene Wort Gottes, während der Koran für den Sufi das inlibrierte, das
buchgewordene Wort Gottes ist. Und als solches hat es die
zentrale Stelle. Der Sufismus ist in der frühen Zeit des Is-

lam aus einer asketischen Bewegung heraus entstanden, deren eines großes Kennzeichen war, daß man ständig den Koran las, rezitierte und immer neue Erkenntnisse, immer neue Schichten des Verstehens darin entdeckte. Man kann von einer »Koranisierung des Gedächtnisses« sprechen, durch das alles und jedes, was der Sufi sah und sieht, im Lichte des Korans gesehen wird. Das hat die gesamte Literatur, Poesie und Philosophie des Sufismus bis zum heutigen Tage geprägt.

Der Koran ist in arabischer Schrift geschrieben. Spielt das eine besondere Rolle bei der Rezitation?

Auf jeden Fall. Der Koran ist in »klarer, arabischer Sprache« offenbart, wie es im Koran selbst heißt. Seine Rezitation ist eine besondere Kunst, die bis zum heutigen Tage geübt wird. Es gibt fast jährlich Rezitationswettbewerbe. Aber noch wichtiger ist, daß die arabische Sprache unendlich viele Bedeutungsnuancen hat. Da jedes Wort idealerweise aus drei Grundbuchstaben besteht, die man dann nach bestimmten Regeln mit Vokalen ausfüllt, hat man ein wunderbares Gewebe, das geradezu mathematisch ausgerichtet ist. Gleichzeitig erlaubt es auch Permutationen. Wortspiele und die Verbindungen zwischen Wörtern, die für uns zunächst einmal ganz weit voneinander entfernt zu sein scheinen, spielen für den Sufi eine ganz große Rolle. Man kann da, zumindest in einigen Gruppen, von einem geradezu kabbalistischen Gebrauch des Korans sprechen, der auf Zahlenmystik, auf Buchstabenmystik und auch auf die Vorhersage der Zukunft aus den Worten des Korans hindeutet. Aber das ist nur ein Teil des Sufismus. Sehr viele Sufis würden dem nicht zustimmen, sondern einfach die Schönheit des göttlichen Wortes begeistert aufnehmen und ihr ganzes Leben gewissermaßen unter die Schönheit dieser Worte und ihren tieferen Sinn stellen. Deswegen ist es für einen westlichen Denker erstaunlich, daß der größte Theosoph des mittelalterlichen Islam, Ibn Arabi[1], einer Rechtsschule angehörte, die man als die Zahiriten[2], die Leute des äußeren Sinnes, bezeichnet. Für ihn war das Wort, wie es im Koran offenbart ist, als Wort und als grammatische Gegebenheit etwas so heiliges und großartiges, daß er sich ganz und gar auf diese Wortebene begab und dann daraus mit einer erstaunlichen Hermeneutik die uns am fernsten liegenden Sinnebenen entdeckte.

Können Sie dafür ein Beispiel geben?

Das ist schwierig. Aber ich kann aus einem anderen Bereich ein Beispiel nennen, das für den Sufismus noch sehr viel wichtiger ist als die Interpretation Ibn Arabis. Im Koran kommt das Wort »nafs« sehr häufig vor. Es ist die Seele, und zwar die niedere Seele, was wir als Triebseele oder in der lutherischen Übersetzung als »das Fleisch« bezeichnen würden. Dieses Wort kommt unter anderem an drei voneinander völlig getrennten Stellen im Koran vor. In Sura Yusuf, der die Geschichte von Yusuf, und der Verführungskunst vom Weibe des Potiphar, der Suleicha erzählt, heißt es: »annafs ammara biʾs-su«, die Seele weist zum Schlechten hin oder stachelt zum Bösen an. In einer anderen viel früher offenbarten Sure spricht der Koran von der »nafs lawwama«, die tadelnde Seele. Und in einer dritten Sure, die mit den beiden nichts zu tun hat, kommt der Ausdruck »nafs mutmainna« vor, die Seele in Frieden, die befriedet und befriedend zu ihrem Herrn zurückgerufen

---

1 Ibn Arabi ist einer der bekanntesten islamischen Mystiker. Er wurde 1165 in Murcia in Spanien geboren und starb 1240 in Damaskus.
2 Die Zahiriya ist eine islamische Rechtsschule, die die Gesetze ausschließlich aus dem Wortlaut des Koran und der Sunna ableiten wollte. Nur unter dem Almuhaden Yakub al-Mansur (regierte 1184-1199) ist das staatliche Recht zahiritisch gewesen. Dennoch hatten die zahiritischen Ideen im islamischen Mittelalter zahlreiche Anhänger.

wird. Die Sufis haben diese drei Stellen mit großem Geschick miteinander verbunden und darin den Weg der Seelenerziehung gesehen. Die Seele muß, da sie zum Bösen anstachelt, durch Exerzitien und durch Meditation gezähmt werden wie ein widerspenstiges Pferd. Dann wird sie zur tadelnden Seele, die etwa unserem Gewissen entspricht, um schließlich auf der höchsten Stufe des mystischen Pfades zur Seele in Frieden zu werden, die dann zu Gott zurückkehren kann. Das ist eine typische Art sufischer Interpretation. Dinge, die für unseren Begriff zunächst einmal gar nicht zusammengehören, werden in ein System gebunden, das völligen, großen Sinn ergibt.

Solche Verbindungen entsprechen der Weltrezeption der Sufis. Worin unterscheiden sie sich in ihrer Welterfahrung, die sie aus dem Koran herausgebildet haben, von anderen Muslimen?

Die Sufis haben sich in ihrer ursprünglichen Zeit ganz dem Koran anvertraut. Und der Koran hat gesagt, daß Gott die Welt geschaffen hat und das, was mit ihr ist. Und zwar zu dem Zweck, daß alles, was geschaffen ist, Gott auf seine Art und Weise anbete; die Vögel mit ihren Schwingen. Dies im sogenannten »lisan al-hal«, der Stimme des Zustandes, also einfach durch Sosein. Die Welt ist aber auch der Ort, wo man dem Gottesdienst nachgehen kann. Aber noch mehr ist sie etwas, was vergänglich ist, was keinen Wert in sich selbst hat. Der Mensch darf niemals sein Herz an diese Welt hängen, sondern soll sie immer nur als Geschöpf Gottes, oder als, so vielleicht in späterer Zeit, als Widerschein Gottes sehen, aber nicht als etwas mit Eigenwert. Denn das würde bedeuten, daß man neben Gott etwas anderes erkennt und ihm Wert zumißt. So ist die Welt gewissermaßen nur wie Schaumflocken auf einem großen Meer. Der Koran sagt mehrfach: »kullu man alaiha fan«, was immer auf ihr ist, das ist vergänglich, außer dem Angesichte Gottes. So ist die Weltfeindschaft im frühen Sufismus sehr ausgeprägt. Die Welt wird oftmals, genau wie in der mittelalterlichen christlichen Mystik, als ein häßliches altes Weib gezeigt, als eine widerliche Vettel, die die Menschen verführt und nachdem sie sie ausgesaugt hat, wegwirft, also als etwas ohne jeden Wert. Aber der Gläubige weiß, daß die Welt wie eine Brücke ist, auf die man geht und über die man hinübergeht, aber auf der man kein Haus baut. Viele Mystiker haben in der späteren Zeit gerade das vernommen, was ich vorhin andeutete. Nämlich daß in allem, was auf Erden ist, ein Zeichen ist, das zu Gott hindeutet. Denn alles preist Gott auf seine eigene Art. Und die größten Sufis haben immer an das koranische Wort in Sure Einundvierzig gedacht »wir werden ihnen unsere Zeichen zeigen in den Horizonten und in sich selbst«. Das heißt, die Welt ist etwas, in das Gott an jeder Stelle, und sei es in einer Mücke, ein Gleichnis gesetzt hat, das den Menschen auf den Weg zu ihm führt. Das ist ein ständiger Hinweis auf die Einheit und Größe Gottes. Man darf allerdings nicht auf dem Weg stehenbleiben und bei den Zeichen verharren.

Nun spielen aber die Zeichen in der Wahrnehmung von Mystik eine große Rolle. So werden Gesang, Wein und Tanz mit islamischer Mystik verbunden. Stehen die Mystiker damit nicht im Gegensatz zur islamisch-orthodoxen Lehre, in der Wein und Vergnügen eher negativ bewertet werden?

Der Wein ist an drei Stellen im Koran abgelehnt worden. Zunächst in halber Schärfe: Man soll sich nicht dem Gebet nahen, wenn man trunken ist, was ja durchaus Sinn gibt. Aber der Wein spielt in der Religionsgeschichte eine ungeheuere Rolle als Symbol. So gibt es den Begriff der Gottestrunkenheit, wenn der Mystiker in Ekstase so berauscht ist, daß er nichts mehr von sich selbst weiß. Die Interpretation der persischen Mystik beispielsweise, in der viele Weingedichte vorkommen, wird von modernen, mystisch gesonnenen Orientalen immer als symbolisch angesehen. Jedes Weinglas ist für sie ein Glas, das den Wein der Liebe oder der Ekstase trägt und kein realer Wein. Aber das Schimmern zwischen beiden Ebenen ist für den Uneingeweihten manchmal nicht ganz klar. Von daher haben wir auch viele Interpretationen, die nur den äußeren Sinn des Weines betonen. Mit der Musik ist es etwas anderes. Die Sufis hatten ein sehr strenges Leben mit Exerzitien, ständiger Askese, wenig Essen, wenig Schlaf und wenig Reden. Aber manchmal, in den Abendstunden, erholten sie sich, indem sie schönen Gedichtrezitationen lauschten. Und dann konnten sie wohl auch in Ekstase fallen, sich im Wirbeltanz zum Rhythmus des Gedichtes drehen, und vielleicht sogar so außer sich geraten, daß sie ihre Kleider zerrissen. Das wird bereits aus dem 9. Jahrhundert aus Bagdad berichtet. Dieses wurde aber häufig nicht nur von der Orthodoxie abgelehnt, sondern auch unter den Sufis selbst hat es die verschiedensten Meinungen gegeben, bis zu welchem Grade Musik und der daraus entstehende Wirbeltanz legitim ist. Zum Beispiel die Diskussionen darüber, ob die Novizen den Wirbeltanz überhaupt treiben durften. Und andere Fragen, die in Hunderten von Werken vom 9. Jahrhundert bis in unser Jahrhundert immer wieder neu definiert worden sind. Dadurch ist das Problem des Sufi-Tanzes etwas schwieriger, als sich das die modernen, besonders amerikanischen Sufis vorstellen, für die Tanz einfach der Kern des Sufismus ist.

Der Sufismus wird immer mit dem sogenannten Volksislam verbunden, wie man ihn in der islamischen Welt vor allem in ländlichen Gebieten findet. Ist das richtig, oder muß man nicht unterscheiden zwischen Sufismus und Volksislam?

Der Sufismus ist zunächst einmal eine ungeheuer elitäre Form der Religion. Denn den Weg, die sogenannte »tarika« zu beschreiten und durchzuhalten, ist nicht jedem gegeben. Die Anforderungen an die menschliche Vernunft, das menschliche Herz und die Kraft sind außerordentlich hart. Zur Volksreligion wurde ein Teil des Sufismus erst, als sich Brüderschaften bildeten. Dies war zu der Zeit, als die offizielle Religion immer stärker in eine Ritualisierung und Legalisierung verfiel. Der große mystische Führer und gleichzeitig orthodoxe Gelehrte Al-Ghasali, der 1111 starb, erklärte einmal seinen Übergang zum Sufismus damit, daß seine Kollegen in der Universität zwar die feinsten Einzelheiten des Scheidungsrechtes kennten, aber nichts von der lebendigen Gegenwart Gottes wüßten. So ist es natürlich weniger gebildeten Menschen auch gegangen. Der Sufismus hat mit den gemeinsamen Gebeten, der Rezitation der Gottesnamen, dem sogenannten dhikr, mit einer gewissen Neigung zur Musik und vor allen Dingen mit seiner menschlichen Würde ungeheure Mengen von Menschen angezogen. Wir wissen, daß die Sufis zum größten Teil verantwortlich dafür sind, daß sich der Islam in die Randgebiete, also nach Indien, Indonesien, aber auch Afrika ausgebreitet hat, weil er einfach dem Bedürfnis des Menschen nach Gottesliebe und nach religiöser Wärme entgegengekommen ist. Aber das ist eine spätere Entwicklung, die sich dann wie in allen Volksreligionen auch, zu merkwürdigen Zerrbildern entwickeln konnte. Aber grundsätzlich war der alte Sufismus eine ganz elitäre, strenge Religion, mit der der heutige Volksislam nur noch den Namen gemein hat.

Glauben Sie, daß dieser alte Sufismus aus der islamischen Welt verschwunden ist?

Nein. Aber es gibt verschiedene Strömungen. Der klassische, alte Sufismus, wie ich es nenne, ist ein voluntaristischer Sufismus. Sein Ziel ist die Einheit, die liebende Einigung des menschlichen mit dem göttlichen Willen und die vollkommene liebende Hingabe unter den göttlichen Befehl, wenn es auch noch so schwierig ist. Aber im Laufe der Zeit sind sehr viele andere Einflüsse, neuplatonische, christliche und in Indien auch buddhistische und hinduistische in den Sufismus eingeflossen und inkorporiert worden. Gerade durch die Orden hat sich eine gewisse Veränderung eingestellt. Wenn ich vorhin Ibn Arabi aus Andalusien erwähnt habe, so deshalb, weil sein großes System, die sogenannte Einheit des Seins, ein außerordentlich kompliziertes System der Gotteserkenntnis durch verschiedene Stufen darstellt. Ein System, das eigentlich ein philosophisches ist, das aber dann im Volksislam sehr stark verwässert wurde, bis man zu dem Schlußsatz kam: Alles ist Er, alles ist Gott. Damit waren alle Unterschiede aufgehoben. Das ist von der Orthodoxie meiner Meinung nach zu Recht getadelt worden. Und deswegen wird Ibn Arabi von den orthodoxen Kreisen bis zum heutigen Tage als Ketzer angesehen und seine Bücher dürfen, etwa in Ägypten, nicht gedruckt und vertrieben werden.

Der Sufismus ist einer der Kernbestandteile des Islam. Aber der Islam hat sich durch das Eindringen Europas, spätestens seit dem Beginn des 19. Jahrhunderts, sehr stark verändert. Spielt die islamische Mystik in der Gegenwart überhaupt noch eine Rolle? Kann man das beobachten, wenn man in Kairo, Teheran oder in Fes in Marokko ist?

Der Sufismus spielt noch eine Rolle. Die Festlichkeiten der Sufis werden immer noch mit großer Ekstase gefeiert. Die Theorien des Sufismus sind vielleicht nicht so vielen Muslimen bekannt, wie es früher der Fall war. Aber ich habe beispielsweise in Indien und in Pakistan eine außerordentlich lebendige Aktivität der Sufi-Orden erlebt, die auch nach Europa und Amerika herübergewirkt hat. Es scheint mir vor allen Dingen wichtig, daß der Sufismus das innere Leben, das Herz der Religion mehr betont hat als der Gesetzesislam. Es ist interessant, daß gerade vor etwa zwanzig, fünfundzwanzig Jahren in der modernen islamischen Literatur ein größeres Interesse an berühmten Figuren der klassischen Zeit aufgetreten ist. Für die Dichter Ägyptens, Pakistans, Indiens oder der Türkei stellte er den wirklichen, echten Islam dar, ohne daß sie dabei in den Legalismus verfallen wären. So gibt es in den 70er Jahren eine ganze Menge von dichterischen Werken, die sich mit dem klassischen Sufismus und seinen Exponenten beschäftigen.

Eine wichtige Frage jeder Religion ist die Frage, was nach dem Tod kommt. Haben die Sufis darauf eigene Antworten gesucht?

Für den normalen Muslim kommt mit dem Tod zunächst die Zeit im Grabe und dann, bei der Auferstehung, das Jüngste Gericht, das entscheidet, ob der Mensch ins Paradies oder in die Hölle geht. Im Laufe der Jahrhunderte ist die Rolle Muhammads, des letzten Propheten, als Fürsprecher am Jüngsten Gericht so stark in den Mittelpunkt getreten, daß man sich immer wieder auf seine Fürsprache verlassen hat. Für die Sufis ist der Tod dagegen nur eine Brücke, die den Liebenden zum Geliebten führt. In einem alten Wort heißt es: »Der Mensch liebt Gott und der Tod nimmt die Schleier fort, die den Menschen von Gott trennen.« So ist der Tod für den Sufi etwas, was man zwar fürchtet, weil man ja nicht weiß, wieviele Sünden man begangen hat. Aber gleichzeitig hofft man, das Angesicht des ewigen Geliebten endlich sehen zu können. Aus vielen sufischen Gedichten und Werken kann man herauslesen, daß nach dem Tod ein neues Leben beginnt, das genau wie dieses Leben unendlich viele Stufen hat. Mit ständiger Annäherung an das, was man mit logischem Denken nicht finden kann, nämlich an das Wesen Gottes. So ist der Tod für den wahrhaft Gläubigen »ein Duftkraut«, wie es in einem alten arabischen Spruch heißt.

Es gibt einen Unterschied zwischen sufischer Welterfahrung auf der einen Seite und der islamischen Orthodoxie mit ihrer Rechtsauslegung der Scharia auf der anderen Seite. Welche Rolle spielt dabei beispielsweise die Ansicht über die Frauen, die ja im Westen heftig diskutiert wird und sich an dem orientiert, was man in der Scharia meint zu erkennen?

Die letzte Formulierung ›meint zu erkennen‹ ist sehr gut, denn die Stellung der Frau ist in Wirklichkeit nicht so negativ, wie man sie uns hier immer darstellen will. Die Frau hat die gleichen religiösen Pflichten wie der Mann. Sie hat gewisse Benachteiligungen, aber das hatte sie im Mittelalter bei uns auch. Die Polygamie wird oftmals als ein Hinderungsgrund für die Entwicklung der Frau angesehen, was, wenn man sich moderne Familien ansieht, durchaus nicht der Fall zu sein braucht. Aber juristisch, das stimmt, ist die Frau eben nur die Hälfte des Mannes wert. Nur zwei Frauen zusammen können Zeugnis ablegen, während es bei den Männern einer ist. Da gibt es bestimmte Beschränkungen. Gleichzeitig finden wir im Koran, daß die Frau ihr eingebrachtes Vermögen selbst verwalten kann, das heißt, daß es eine Gütertrennung gibt. Damit ist ja schon eine verhältnismäßig starke Möglichkeit zur Selbständigkeit gegeben. Vieles von dem, was wir heute als negativ an der Stellung der Frau im Islam erkennen, ist eine Entwicklung, die sich im Laufe der Jahrhunderte unter verschiedenen politischen und noch mehr sozialen Aspekten vollzogen hat. Im Sufismus ist die Frau auf der einen Seite ein Beispiel für die verführerische »Frau Welt«. Das kennen wir auch aus dem christlichen Mittelalter. Sie ist oft mit der »nafs«, die ich vorhin erwähnte, gleichgesetzt worden. Aber das bedeutet auch, daß sie am Anfang vielleicht etwas Gefährliches ist, aber geläutert werden und dann wirklich zu einem Symbol der Seele im Frieden werden kann. Wenn man die klassische und moderne Sufi-Literatur liest, dann fällt einem diese Rolle der Frau als Beispiel der sehnsüchtigen Seele, die immer näher an Gott kommt, sehr stark auf. Man darf nicht vergessen, daß es eine Frau war, die den Gedanken der reinen Gottesliebe in den Islam gebracht hat. Rabi'a von Basra[3], 801 gestorben, war es, die ihren männlichen asketischen Kollegen erst einmal klarmachte, daß der Mensch Gott nicht aus Höllenfurcht oder Hoffnung aufs Paradies anbeten sollte, sondern um seiner ewigen Schönheit willen, und daß nichts anderes anbetungswürdig ist. So ist Rabi'a bis zum heutigen Tag ein Beispiel für eine fromme Frau, die viel besser ist als alle Männer. Denn, wie Dschami[4] sagt: »Der Sonne schadet nicht ihr weibliches Geschlecht, noch dient das männliche zur Ehre für den Mond.« Daß heißt, eine Frau wie Rabi'a ist für alle Männer in den vergangenen Jahrhunderten ein Modell gewesen und ist es noch heute. Wenn man an die Verehrung denkt, die der unbefleckten Jung-

---

3 Rabi'a al-Adawiya (713/14-801). Die berühmte Mystikerin wurde in ärmlichen Verhältnissen geboren. Als Kind wurde sie gestohlen und in die Sklaverei verkauft. Nach wiedererlangter Freiheit führte sie zunächst ein keusches Einsiedlerleben in der Wüste. Später ging sie nach Basra, wo sie einen Kreis von Schülern und Gleichgesinnten um sich versammelte.
4 Dschami Abderrahman ist ein persischer Dichter des 15. Jahrhunderts. Er starb 1492.

frau Maria in der Frömmigkeit gilt, oder auch an andere Frauen, sieht man die vielen Möglichkeiten des Sufismus, der Frau eine höhere Stellung zuzuerkennen. Ibn Arabi ist die Frau geradezu das Wesen, in dem er Gott am meisten und am schönsten finden kann. Denn sie ist aktiv und sie ist passiv. Sie ist gewissermaßen eine Schöpferin, denn sie gibt neues Leben an die Welt. Die verschiedenen Aspekte der Frau sind im Sufismus trotz aller Vorsicht der alten Asketen sehr viel stärker ausgeprägt als im traditionellen orthodoxen Islam.

Sufis haben immer wieder auf Toleranz gegenüber Andersdenkenden hingewiesen. Werden diese Muslime im Westen zu wenig wahrgenommen? Beschränkt man sich also zu sehr darauf, die fundamentalistischen Aktivitäten zu rezipieren?

Ich fürchte, ja. Es ist sehr viel einfacher, über Dinge zu berichten, die sich an der Oberfläche und im politischen Bereich abspielen. Das innere Leben einer Religion entzieht sich den Reportern und Kameras. Das gilt übrigens nicht nur für den Islam, sondern auch für das Christentum, den Buddhismus oder den Hinduismus. Diejenigen im Westen, die sich etwas mit Sufismus beschäftigt haben, werden immer wieder das berühmte Gedicht des vorhin schon genannten Ibn Arabi zitieren: »Ich folge der Religion der Liebe, wo immer ihre Reittiere sich hinkehren.« Alle seine Freunde und Nachfolger, ob das nun Rumi[5] in Anatolien oder Yunus Emre[6] in der türkischen Welt war, haben immer wieder gesagt, daß es in der göttlichen Einheit keinen

5 Djalal ad-Din Rumi (1207-1273) ist vielleicht der bekannteste mystische Dichter des Islam. Sein Hauptwerk ist das Mathnawi, eine Dichtung in sechs Büchern, in der sich Geschichten, Fabeln, Symbolisches und Betrachtungen zur Erläuterung und Erklärung der sufischen Lehre abwechseln. Sein Grab befindet sich in dem von ihm gegründeten Kloster in Konya in der Türkei.
6 Yunus Emre (1240-1320) ist ein türkischer Mystiker und Dichter.

Unterschied zwischen Moses und Pharao, zwischen dem Ketzer und dem Heiligen gibt. Alle sind Aspekte der göttlichen Aktivität, die man so nehmen muß, wie sie sind. Man darf also den Ketzer oder denjenigen, den man für ungläubig hält, nicht verfolgen, sondern muß auch in ihm ein Zeichen finden, das vielleicht in anderer Weise, als man es selber haben möchte, aber doch darauf hindeutet, daß dieser oder jener Mensch auf seine Art und Weise Gott und die Gottesliebe sucht. Das ist das herausragende Kennzeichen des Sufismus. Ich kannte einen alten türkischen, analphabetischen Mystiker, einen Dichter, der auf die Frage nach der Toleranz antwortete: »Sieh Dir die Sonne an. Sie scheint jeden Tag. Und die Tage nennen wir Montag, Dienstag, Mittwoch und so weiter. Aber steht auf den Strahlen der Sonne geschrieben: Montag, Dienstag, Mittwoch und so weiter. Es ist dieselbe Sonne, die nur etwas anders in verschiedenen Wesen leuchtet.« Wenn man eine solche Haltung hat, ist man von selbst tolerant und versucht die anderen Menschen aus ihrer eigenen Stellung heraus zu verstehen. Man darf nicht vergessen, daß ein Wort, das dem Propheten Muhammad zugeschrieben wird, sagt: »Der Gläubige ist der Spiegel des Gläubigen.« Also die goldene Regel: Was immer man selbst tut, findet man in den anderen. Danach sollte man sein Leben einsetzen und nicht, wie Rumi es sagt, »durch Haß und Feindschaft Dornen säen, sondern versuchen, sich allen Menschen in Freundschaft und Liebe zu nähern, damit man auf diese Art und Weise eine Art geistigen Rosengarten um sein Haus pflanzt.«

Auswahl der Publikationen

Schimmel, Annemarie: Mystische Dimensionen des Islam. Köln 1985, Frankfurt a. M. 1995.

Schimmel, Annemarie: Gärten der Erkenntnis. Köln 1989.

Schimmel, Annemarie: Ich bin Wind und du bist Feuer. Leben und Werk Rumis. Köln 1980.

Schimmel, Annemarie: As through a veil. New York 1982.

Schimmel, Annemarie: Muhammad Iqbal, prophetischer Poet und Politiker. Köln 1989.

Schimmel, Annemarie: Die Zeichen Gottes. München 1995.

Schimmel, Annemarie: Nimm eine Rose und nenne sie Lieder. Übertragungen aus der Poesie der islamischen Völker. München 1987, Frankfurt a. M. 1995.

Faruk Şen

Der Islam in Europa

Christoph Burgmer:
*Der Publizist und Politikwissenschaftler Klaus Leggewie[1]
nannte ein vor einiger Zeit erschienenes Buch, das die Beziehungen von Westen und Orient untersucht, »Alhambra. Der Islam im Westen«. Mit diesem Titel widersprach
Leggewie der sonst so gängigen Schreibweise von »dem Islam« und »dem Westen«. Ist dies ein Indiz dafür, daß sich
die jahrhundertealte Vorstellung von einer natürlichen
Opposition zwischen Islam und Westen auflöst? Vielleicht
durch die Tatsache, daß im Westen inzwischen viele Muslime leben und arbeiten?*

Faruk Şen:
Davon muß man ausgehen. Heute ist es schwer, von »dem
Westen« oder von »dem Islam« zu sprechen. Auf der Welt
gibt es 51 Staaten, die islamisch ausgeprägt sind. Sie gehören der Islamischen Weltkonferenz an und repräsentieren
51 Variationen des Islams. Der türkische Islam hat nämlich kaum Ähnlichkeit mit dem persischen Islam, und der
saudiarabische unterscheidet sich vom ägyptischen Islam.
Ebenso glaube ich, daß wir differenzieren müssen, wenn
wir von der Einstellung des Westens, besser der westlichen
Staaten gegenüber dem Islam sprechen. Sie ist von Staat zu
Staat ganz verschieden. Die Einstellung der Bundesrepublik Deutschland gegenüber dem Islam ist ganz anders als
die französische. Durch den Emigrationsprozeß leben inzwischen über 10 Millionen Muslime in der Europäischen
Union. Nehmen wir Gesamteuropa inklusive der Türkei,

---

1 Leggewie, Klaus: Alhambra. Der Islam im Westen. Rowohlt Verlag Hamburg, 1993.

sind es siebzig Millionen Muslime. Denn man muß die Muslime in Albanien, Mazedonien, Bosnien und den fast 20%igen muslimischen Bevölkerungsanteil in Bulgarien mit einrechnen. Man kann also feststellen, daß die Präsenz des Islams im Westen in der letzten Zeit immer mehr zugenommen hat.

Fast 90% der Muslime in Deutschland kommen aus der heutigen Türkei. Aber selbst bei den hauptsächlich als Arbeitsemigranten zugewanderten Muslimen ist es sehr schwer vorstellbar, daß sie eine homogene Gruppe bilden.

Über 3% der Gesamtbevölkerung in der Bundesrepublik Deutschland sind Muslime. Knapp 2 Millionen Türken, 280 000 Bosnier und 200 000 Muslime aus den Maghrebstaaten. Dazuzuzählen sind Muslime aus Afghanistan und Iran. Wenn wir also von einem Islam in Deutschland sprechen, sprechen wir hauptsächlich vom türkisch geprägten Islam. In Frankreich dagegen müßten wir von einem algerisch oder besser maghrebinisch geprägten Islam sprechen. Fast 90% der in Deutschland lebenden türkischen Muslime sehen den Islam als ein Kulturgut und nicht als politische Bewegung an. Natürlich gibt es eine kleine Gruppe von Muslimen, die zu Radikalität tendiert. So gibt es in der islamischen Szene wiederum sieben verschiedene Organisationen. Die größte, in der die meisten Türken organisiert sind, ist die DITIB[2]. Sie wird vom Amt für religiöse Angelegenheiten in Ankara gefördert und versammelt dem laizistischen Islam gegenüber positiv eingestellte Muslime.

Was verstehen Sie unter laizistischem Islam?

2 Die DITIB (Diyanet Isleri Türk Islam Birligi) hat ihren Hauptsitz in Köln. Mit ca. 110 000 Mitgliedern ist sie die zahlenmäßig stärkste türkisch-islamische Vereinigung in der Bundesrepublik Deutschland. Sie führt etwa 740 Vereine.

Vielleicht kann man sich vom laizistischen Islam ein besseres Bild machen, wenn man das Gegenteil betrachtet. In der Bundesrepublik Deutschland gibt es zwei Gruppierungen, die den türkischen Staat nach islamischen Prinzipien strukturieren möchten. Sie wollen den demokratisch und westlich orientierten türkischen Staat in einen solchen umwandeln, in dem man nach den Regeln der Scharia leben müßte. Der türkische Staat dagegen legt Wert darauf, daß Islam und Staatsapparat voneinander getrennt sind und der Islam in keinem Fall Einfluß auf den Staatsapparat ausüben kann. Allerdings hat der laizistische Islam türkischer Ausprägung den Fehler, daß der Staat durch das Amt für religiöse Angelegenheiten, das den viertgrößten Haushaltsposten innehat, in die islamischen Angelegenheiten interveniert.

Inwieweit unterscheidet sich der türkische Islam von dem algerischen Islam, dem die Muslime in Frankreich folgen?

Zunächst muß man berücksichtigen, daß die Türken als letzte große Volksgruppe den Islam übernommen haben. Während des Osmanischen Reiches hat der Islam eine wichtige, aber keine federführende Rolle gespielt. In den letzten zweiundsiebzig Jahren, nachdem der moderne türkische Staat von Kemal Atatürk[3] gegründet wurde, gibt es eine Westorientierung. Im türkischen Islam gibt es keine von unten ausgeübte Kontrolle. Wie ich schon gesagt habe, sieht man den türkischen Islam nur als Religion und nicht als eine Lebensform an. Man muß wirklich davon ausgehen, daß die Religiösität in der Türkei nicht so stark ist wie in Algerien oder Iran. Sicherlich gibt es eine fundamentalistische Bewegung, die bei den letzten Kommunal-

3 Mustafa Kemal (1881-1938), Beiname »Atatürk« (Vater der Türken), wurde in Saloniki geboren. Im November 1922 rief er, nachdem er zuvor den letzten osmanischen Kalifen, Sultan Mehmed VI. für abgesetzt erklärt hatte, die türkische Republik aus, deren Hauptstadt Ankara wurde. Die türkische Republik wurde am 29. Oktober 1923 offiziell gegründet.

wahlen bis zu 18% der Stimmen auf sich gezogen hat. Aber die Enttäuschung der türkischen Wähler über die Kommunalpolitik der Sozialdemokraten hat dazu beigetragen, daß man als Trotzreaktion die islamischen Fundamentalisten gewählt hat.

Diese islamisch-fundamentalistischen Organisationen aus der Türkei haben ihre Ableger in Deutschland. Wie stark ist ihr Einfluß auf die hier lebenden türkischen Muslime?

Die stärkste türkische Selbstorganisation ist der islamisch-fundamentalistisch eingestellte Nationale Sichtverein[4] mit Sitz in Köln. Er verfügt über große finanzielle Möglichkeiten. Er vergibt Stipendien für türkische Studenten oder bietet umsonst Essen an. Die Anhängerzahl bewegt sich um die 30000. Es ist also keine große Gruppe. Bei den meisten Türken hat der Nationale Sichtverein, wie auch andere fundamentalistisch orientierte Vereine, kaum einen Einfluß.

Betrachtet man die Geschichte der Muslime in Deutschland, so wird häufig hervorgekehrt, daß die Präsenz des Islam in Deutschland schon auf das Jahr 1731 zurückgeht. In diesem Jahr machte ein Herzog aus dem heutigen Lettland dem preußischen König Friedrich Wilhelm I. zwanzig türkische Gardesoldaten zum Geschenk, und dieser ließ für sie eine Moschee errichten. Warum beziehen sich muslimische Gruppen immer wieder auf diese Geschichte? Was haben die Gardesoldaten mit den heute in Deutschland lebenden Muslimen gemeinsam?

Eigentlich gibt es kaum eine Gemeinsamkeit. Wenn man, auf Deutschland bezogen, über die islamischen Einflüsse

4 Der Nationale Sichtverein (Aurupa Milli Görüs Teskilateri – kurz AMGT) wurde 1976 in Köln gegründet. Er ist eine Unterorganisation der türkischen Refah-Partei. Diese steht den Muslimbrüderschaften nahe und lehnt einen eng nationalistischen Islam ab.

spricht, muß man mit der Jungtürkenbewegung[5] beginnen. Damals leitete man sehr enge Beziehungen mit Deutschland in die Wege. Offiziere wurden in Deutschland ausgebildet, und man holte deutsche Offiziere als Ausbilder in die Türkei. Mit dem türkischen Islam ist man in der Bundesrepublik Deutschland aber erst ab 1961, durch den Beginn türkischer Arbeitsmigration, in Berührung gekommen. Wenn wir also von einer islamischen Tradition hier in der Bundesrepublik Deutschland sprechen, hat das höchstens eine Vergangenheit von fünfunddreißig Jahren. Die Beziehungen von Deutschland mit der islamischen Welt im 17. und 18. Jahrhundert haben mit der heutigen Entwicklung, mit der Etablierung des Islams durch Moscheevereine, durch islamische Friedhöfe und vielleicht auch zukünftig durch islamische Altersheime wenig zu tun.

Hat sich denn in diesen letzten fünfunddreißig Jahren so etwas wie ein eigenes islamisches Selbstverständnis herausgebildet?

In den letzten fünfunddreißig Jahren nicht. Erst in den letzten drei Jahren gibt es so etwas wie ein eigenes islamisches Selbstverständnis. Dazu haben aber ganz andere Ereignisse einen Beitrag geleistet. Zu nennen sind vor allem die rechtsradikalen Angriffe gegenüber der türkischen Minderheit. Wobei ich nicht sage, daß allgemein in der Bundesrepublik Deutschland eine Ausländerfeindlichkeit herrscht. Aber in den letzten drei bis vier Jahren haben wir immer wieder erlebt, daß Angriffe gegenüber solchen Menschen verübt worden sind, die durch ihre Hautfarbe auffallen, die zu einem anderen Kulturkreis gehören und die Muslime sind. Und da die türkische Minderheit alle diese Merkmale vereint, war sie die Zielscheibe von rechts-

5 Die Jungtürkenbewegung drängte ab dem 19. Jahrhundert auf Reformen. Ab 1908, nach dem Sturz Abdülhamids II., bildeten die Jungtürken Kabinette.

86

radikalen Angriffen. Das hatte zwei Folgen. Erstens haben sich die Türken zurückgezogen. Die in Ansätzen vorhandene Integration wurde zunehmend abgelehnt. Zweitens traten Wertvorstellungen aus der islamischen Religion, die bis dahin nicht so ausgeprägt waren, und dem türkischen Nationalbewußtsein stärker in den Vordergrund. Besonders nach dem Brandanschlag von Solingen ist ein verstärktes islamisches Selbstverständnis bei den Türken festzustellen. Man legt nun mehr Wert auf den Islam, als das in den 60er und 70er Jahren der Fall war, als seine Bedeutung durch Familienzusammenführungen nachgelassen hatte. Natürlich haben sich die ersten türkischen Arbeitsmigranten immer bemüht, ihre Gebete, Fastenzeiten und so weiter durchzuführen. Aber jetzt stellen wir fest, daß sich ein islamisches Bewußtsein entwickelt hat.

Sie führen dieses erwachte Bewußtsein auf den Rechtsradikalismus und die ausländerfeindlichen Anschläge zurück. Viele muslimische Gruppen sprechen dagegen nicht von Ausländerfeindlichkeit, sondern von Islamfeindlichkeit. Kann man das sagen?

Was der Islam genau ist, wissen die Rechtsradikalen genausowenig wie die meisten Deutschen. Aber über den Islam hat man ein ganz bestimmtes Bild. Man geht davon aus, Islam sei die Unterdrückung der Frau, als Zeichen gilt die Kopfbedeckung und die Alleinherrschaft des Mannes. Ja, man geht sogar noch einen Schritt weiter: Islam sei Intoleranz und kenne keine Menschenrechte. Es gibt viele Wissenschaftler, die diese These vertreten. Außerdem spielt noch ein anderer Aspekt eine Rolle. In den westeuropäischen Staaten gab es bis 1989 ganz bestimmte Feindbilder. Sie richteten sich gegen die Sowjetunion, gegen die COMECON-Staaten und gegen den Sozialismus. Die Türkei wurde dabei immer als Bestandteil der westlichen

Allianz angesehen. Nachdem aber diese Feindbilder in dieser Form nicht mehr funktionierten, sondern aus Feindbildern besondere Freundbilder wurden, brauchte man neue Feindbilder. Das neue Feindbild in Westeuropa ist der Islam. Entstanden ist diese Islamfeindlichkeit durch die Khomeini-Bewegung im Iran, durch die Radikalität in Algerien, durch die Muslimbrüder in Ägypten, aber auch durch islamisch-türkische Fundamentalisten in der Bundesrepublik Deutschland. Dennoch würde ich nicht von einer Islamfeindlichkeit, sondern von einer sehr stark den Islam ablehnenden Haltung sprechen. In der Bundesrepublik Deutschland folgt man in der Praxis der Theorie, man könne alle Ausländer integrieren, auch wenn sie aus einem fremden Kulturkreis kommen. Viele Politiker haben jedoch Aussagen gemacht, daß die Türken schwerer zu integrieren sind, weil sie nicht nur zu einem ganz anderen Kulturkreis gehören, sondern auch noch Muslime sind. Ich will niemanden zitieren, aber es ist klar, daß die Feindseligkeit hauptsächlich gegen andersaussehende und andersgläubige Menschen in Deutschland gerichtet ist.

Die Muslime haben sich schon in den 80er Jahren in Deutschland selbst organisiert. Spätestens nachdem viele von ihnen festgestellt haben, daß sie nicht unbedingt wieder in die Türkei zurückkehren werden. Der sogenannte »Hinterhof-Islam« ist fast verschwunden. Man stellt inzwischen auch von seiten muslimischer Gruppen besondere Forderungen wie islamischen Religionsunterricht an deutschen Schulen oder die Anerkennung des Islam als Körperschaft des öffentlichen Rechts. Diesem Anspruch wurde bisher jedenfalls das Argument entgegengehalten, die Muslime müßten sich zunächst einmal untereinander einigen, welche Organisation sie vor den deutschen Behörden vertritt.

Dies ist ein wichtiger Punkt. Seit 1980 stellen wir fest, daß die Mehrzahl der Türken keine Rückkehrabsichten mehr haben. Die letzte Befragung des Zentrums für Türkeistudien wurde 1988 durchgeführt. Damals sagten 83% der Türken, daß sie keine Rückkehrabsichten mehr hätten. Wenn man diese Befragung jetzt machte, würde sich herausstellen, daß sich die Prozentzahl wesentlich erhöht hat. Folglich geht die absolute Rückkehrerzahl sehr stark zurück. Wie ich aber am Anfang schon gesagt habe, gibt es den Islam nicht. Auch nicht in der Türkei. In der Türkei gibt es von der Nurculuk[6]-Bewegung bis hin zur Süleymanci[7]-Bewegung verschiedene Ausprägungen. Daß alle politischen Strömungen aus der Türkei hierhergetragen wurden, ist eine Tatsache. Das haben wir auch bei anderen politischen Bewegungen gesehen. In der politisch extrem linken Szene zum Beispiel gibt es all die Fraktionen, die in der Türkei vorhanden sind, auch in der Bundesrepublik Deutschland. Aber die muslimischen Gruppen gehen noch einen Schritt weiter. Sie melden nicht nur Ansprüche auf islamischen Religionsunterricht oder auf Anerkennung als religiöse Körperschaft des öffentlichen Rechts an. Im Land Nordrhein-Westfalen verhandelt man mit der Landesregierung derzeit über eine islamische Flüchtlingshilfe und verlangt außerdem islamische Altersheime. Wir haben bei einer Befragung festgestellt, daß derzeit nur 6% der türkischen Muslime in ein Altersheim gehen möchten. Von ihren Kindern sind jedoch schon 28% bereit, ihre Eltern in ein Altersheim zu schicken. Die Normen der Industriege-

---

6 Die Nurculuk wurde von dem kurdischen Nakshbandischeich (Nakshbandi ist eine orthodoxe islamische Bruderschaft, die im türkischen Islam von großer Bedeutung ist) Said-i Nursi (1876-1960) gegründet. Sie ist in allen konservativen Gruppen vertreten und tritt für einen »Dritten Weg« zwischen Kommunismus und Kapitalismus ein.

7 Die Süleymanci-Bewegung bezieht sich auf Süleyman Hilmi Tunakan (1888-1959) und ist ein Ableger einer Nakshbandibruderschaft. Sie ist ohne formellen Status in der Türkei.

sellschaft wurden von den Türken also schon voll übernommen. Deshalb glaube ich, daß es in der Bundesrepublik Deutschland nicht so schnell soweit kommen wird, daß der Islam unter einer Fahne versammelt wird. Das wäre auch falsch. Denn wenn man sich beispielsweise den DITIB und den Nationalen Sichtverein anschaut, erkennt man die völlig unterschiedlichen Weltanschauungen.

Wie unterscheiden sich die islamischen Gruppen in Deutschland voneinander?

Ganz genau, wie sich die Scientologen von den Katholiken unterscheiden. Zum Beispiel strebt die Sekte der Süleymanci-Bewegung die religiöse Vorherrschaft in der Türkei an. Beim Weltsichtverein hingegen ist es offensichtlich, daß man einen türkischen Staat, der westlich orientiert und Mitglied der EU ist und der sich an dem BGB der Schweiz orientiert, ablehnt. Dafür will man wie in Saudi-Arabien einen sich am Islam orientierenden Staat haben.

Strebt man dies auch für Europa an?

Nein, nur in der Türkei. Natürlich wird die Elite hier ausgebildet. Und diese Elite hier vertritt die Meinung, daß, wenn sich solch ein System in der Türkei durchsetzen würde, ihre Anhänger in Deutschland nach der gleichen Wertvorstellung leben oder sich zumindest mit dieser Wertvorstellung identifizieren müßten. So wie es bei den Marokkanern der Fall ist, die dem König folgen, wenn er sagt, daß sie sich von den politischen Ereignissen in der Bundesrepublik Deutschland fernhalten, kein Wahlrecht haben und nicht mal zu Ausländerbeiratswahlen gehen sollen. Das sei die Angelegenheit eines anderen Staates. Solche Vorstellungen haben islamisch-fundamentalistisch eingestellte Organisationen.

Aber gerade die islamische Weltsicht ist eine Organisation, die immer wieder fordert, daß man sich auch hier in Deutschland politisch engagiert. Sie tritt zum Beispiel für die doppelte Staatsbürgerschaft ein.

Die doppelte Staatsangehörigkeit ist eine neue Sache, mit der sie sich stark machen wollen. Dennoch sind sie gegen eine Integration. So sagen sie immer wieder, daß die westliche Kultur keine Kultur ist, die man übernehmen kann. In der westlichen Kultur würden ihre Kinder verdorben. Sie sind grundsätzlich dagegen, daß die Türken ihre Normen und Werte verlieren.

Nun wird von diesen Organisationen nur ein ganz kleiner Teil der Muslime vertreten. Inwieweit sehen diese organisierten Muslime andere türkischen Muslime als ihr Klientel an?

Sie können sie nicht als eigenes Klientel ansehen, denn die Mehrzahl, fast 90% der Türken, sind in keiner islamischen Organisation. Das ist in der Türkei auch der Fall. Wenige Türken in der Türkei sind in einer islamischen Organisation. Warum sollen sie sich heutzutage einer islamischen Organisation anschließen? Sie treten lieber einer politischen Organisation bei. Viele der Türken sind bei den Liberalen, Konservativen oder bei den Sozialdemokraten organisiert. Den Islam als Organisation kennt man aus dem Heimatland nicht. In der Türkei geht man vielleicht in die Refahpartei, aber man geht nicht unbedingt in einen Moscheeverein. Die islamischen Vereinigungen, ausgenommen der DITIB, sind hier hauptsächlich politische oder sektenspezifische Vereine. Deshalb sind sie keine schlechteren Muslime. Viele sagen, der islamische Glaube sei eine Angelegenheit zwischen dem Individuum und Gott. Deswegen ist der Einfluß dieser Vereine auf viele Türken sehr gering.

Welche konkreten Ansichten und Rechtsvorstellungen gibt es beispielsweise in Fragen der Ehe oder in Fragen des Zusammenlebens von Muslimen und Nichtmuslimen?

Der Islam spielt für das Zusammenleben keine so große Rolle. Dennoch hat es früher wesentlich mehr Mischehen gegeben, als dies jetzt der Fall ist. In vielen Fällen haben die türkischen Männer deutsche Frauen geheiratet, aber nicht unbedingt Wert darauf gelegt, daß sie den Islam übernehmen. Viele Muslime leben ohne Schwierigkeiten mit einer evangelischen Frau zusammen. Das Problem ist ein anderes, eines, das Türken und Deutsche gleichermaßen betrifft. Die Bundesrepublik Deutschland ist zwar keine multikulturelle Gemeinschaft geworden, wie es gewünscht wurde, aber sie ist eine bikulturelle Gesellschaft geworden mit einer deutschen Mehrheit und einer türkischen Minderheit. Zwischen der deutschen Mehrheit und der türkischen Minderheit gibt es zur Zeit leider Gottes sehr viele Konflikte. Und das macht sich gerade im alltäglichen Leben der Türken bemerkbar.

Wie macht sich das im Alltag der Muslime bemerkbar?

Die Türken fühlen sich diskriminiert, abgelehnt, haben keine gleichen Chancen und leben in Angst. Man kann das ganz genau so nennen. Das führt dazu, daß die Türken immer mehr Wert auf ihre eigene Infrastruktur legen. In der Bundesrepublik Deutschland erscheinen pro Tag 8 türkische Tageszeitungen mit einer Auflage von 300 000 Exemplaren, 85 % der türkischen Haushalte können über Satellitenantenne oder über Kabel türkische Privatsender oder staatliche Sender empfangen, und natürlich gewinnen türkische Moschee- oder Sportvereine immer mehr an Zulauf. Man hat sogar türkische Diskotheken eröffnet. Das alles hat mit Islam nichts zu tun. Die türkischen Jungs gehen jetzt in türkische Discos mit türkischem Pop. Gewünscht wäre eigentlich ein friedliches Nebeneinanderleben. Dennoch haben wir zur Zeit ein ganz kühles Nebeneinanderleben, mit Skepsis von beiden Seiten.

Hat das auch damit zu tun, daß Kritiker, wie zum Beispiel der algerische Schriftsteller Rachid Boudjedra, immer wieder sagen, daß Deutschland ein Rückzugsgebiet für die islamischen Fundamentalisten sei, die von Deutschland aus Mordbefehle geben, die dann in Algerien oder in der Türkei ausgeführt werden?

Ich würde mir nicht erlauben, über die algerische Szene eine Äußerung zu machen. Obwohl ich natürlich auch die Presseberichte gelesen habe, in denen gesagt wird, daß algerische Fundamentalisten in der Bundesrepublik Stützpunkte haben sollen. Für die Türken kann man das aber nicht sagen. Hier muß man die vielen islamisch ausgeprägten Vereine schützen. Man weiß zwar nicht genau, wie sie denken, aber kein islamischer Verein hat sich in der Hinsicht geäußert, daß man in der Türkei morden soll. Es ist eher umgekehrt. Sie zeigen sich in ihren Äußerungen ganz liberal. Die einzige Gruppe, die in dieser Beziehung eine Ausnahme machte, war die Kaplan-Bewegung mit Sitz in Köln. Bei 3000 Anhängern muß man aber davon ausgehen, daß die Einflußmöglichkeiten dieser Bewegung sehr gering sind. Ich bin mir sicher, daß 3000 Anhänger sowohl für die Türken hier als auch für die Türken in der Türkei keine große Gefahr darstellen.

Dennoch wird immer wieder gesagt, die hier bestehenden nationalistisch-islamischen Vereine seien alle abhängig von Organisationen in ihren Heimatländern. Nun werden diese Staaten aber nicht gerade dafür gerühmt, daß sie die Menschenrechte einhalten; sei es nun die Türkei,

Saudi-Arabien oder Iran. Inwieweit verfolgen diese Orga-
nisationen den Kurs ihrer Heimatländer auch in Deutsch-
land?

Ich glaube, daß sich diese Tendenz zur Menschenrechts-
verletzung nicht weiterentwickelt. Kürzlich hat auch der
Leiter des Deutschen Orientinstitutes geäußert, daß der Islam die Menschenrechte kaum kenne. Er ist von der Unterdrückung der Baha`i im Iran ausgegangen. Wenn man
wirklich diese drei Staaten und ihre Organisationen in
Deutschland oder in Europa zusammenfaßt, dann sorgt
man für die Entstehung eines falschen islamischen Feind-
bildes. Denn ich glaube, die Türkei kann man nicht dazu-
rechnen. Natürlich haben Sie recht. Alle die politischen
Parteien und Organisationen, ob Sozialdemokraten, Kon-
servative oder Liberale, haben Einflußmöglichkeiten und
verfügen über Unterorganisationen in der Bundesrepublik
Deutschland. Bei den Islamisten ist das natürlich genauso
der Fall. Und alle wollen irgendwie ihren Einfluß vergrö-
ßern. Schließlich leben zwei Millionen Türken hier. Seit
Juni 1995 gibt es in der Türkei eine neue Verfassung, wo-
nach Auslandstürken aktives und passives Wahlrecht gesi-
chert wird. So hoffen alle, daß man durch die Stimmen der
Auslandstürken einige Parlamentarier, ob es Islamisten
oder Sozialdemokraten sind, in das Parlament gewählt be-
kommt. Deswegen haben sie ihre Ableger und ihre Kontakte. Bonn und Ankara sind nur zweieinhalb Stunden
voneinander entfernt. Es ist eine Tatsache, daß es eine Türkei außerhalb der Türkei gibt. Wenn wir nicht nur die Türken in der Bundesrepublik Deutschland rechnen, sondern
auch die Türken in anderen EU-Staaten miteinbeziehen,
dann sind das drei Millionen Türken, die im Ausland leben. Das ist siebenmal mehr als die Bevölkerung von Lu-
xemburg, das ist fast ein Drittel der belgischen Bevölkerung und über die Hälfte der finnischen und dänischen Be-

völkerung. Daß bei einer so großen Zahl die Beziehungen mit den Parteien und Einrichtungen der Türkei sehr stark sind, ist eine Tatsache.

Auswahl der Publikationen

Şen, Faruk/Jahn, Gerd (Hrsg.): Wahlrecht für Ausländer: Stand und Entwicklung in Europa, Frankfurt a.M. 1985.

Şen, Faruk/Meys, Werner (Hrsg.): Zukunft in der Bundesrepublik oder Zukunft in der Türkei? Eine Bilanz der 25jährigen Migration von Türken. Schriftenreihe des Zentrums für Türkeistudien, Bd. 4, Frankfurt a.M. 1986.

Şen, Faruk: Islamischer Fundamentalismus und die türkische Minderheit in der Bundesrepublik Deutschland. In: Meyer, Thomas (Hrsg.): Fundamentalismus in der modernen Welt. Frankfurt a.M. 1989, S. 296-303.

Şen, Faruk: Türkei: Land und Leute, unter Mitarbeit von Kara Blume. 3. überarbeitete Auflage, München 1991.

Şen, Faruk: Identitätsfindung türkischer Jugendlicher zwischen Familie und deutscher Gesellschaft. In: Kiesel, Doron/Wolf-Almanasreh, Rosi (Hrsg.): Die multikulturelle Versuchung – Ethnische Minderheiten in der deutschen Gesellschaft, Frankfurt a.M. 1991, S. 147-160.

Şen, Faruk: Ursachen und Folgen der internationalen Arbeitsmigration für Westeuropa. In: Beiträge der Arbeitskammer des Saarlandes: Bundesrepublik Deutschland – Einwanderungsland? Dokumentation einer Fachtagung über Migration und Fremdenfeindlichkeit, Nr. 2/1992, S. 75-83.

Şen, Faruk: 1961 bis 1993: Eine kurze Geschichte der Türken in Deutschland. In: Leggewie, Klaus/Senocak, Zafer (Hrsg.): Deutsche Türken. Das Ende der Geduld/Türk Almanlar. Sabrin sonu, Hamburg 1993, S. 17-36.

Weiterführende Literatur

Gür, Metin: Türkisch-islamische Vereinigungen in der Bundesrepublik Deutschland. Frankfurt a. M. 1993.

Kreiser, Klaus: Kleines Türkei Lexikon. München 1992.

Nirumand, Bahman: Im Namen Allahs. Islamische Gruppen und der Fundamentalismus in der Bundesrepublik Deutschland. Köln 1990.

Steinbach, Udo: Die Türkei im 20. Jahrhundert. Schwieriger Partner Europas. Bergisch Gladbach 1996.

Gernot Rotter

Das Islambild im Westen
und das islamische Bild vom Westen

Christoph Burgmer:
Zunächst möchte ich den ägyptischen Gelehrten Rifa`a al-Tahtawi[1] zitieren, der, nachdem er sich in den zwanziger Jahren des 19. Jahrhunderts in Paris aufgehalten hatte, über das arabisch-europäische Verhältnis notierte: »Nach längerem Nachdenken über die Sitten und die politischen Verhältnisse der Franzosen wurde mir klar, daß diese den Arabern ähnlicher sind als den Türken und anderen Rassen. Am stärksten äußert sich diese Ähnlichkeit in Dingen wie Ehre, Freiheit und Stolz.« Ist es über 160 Jahre später immer noch so, daß die Muslime den Westen bewundern und ein doch eher verklärtes Bild vom Westen haben?

Gernot Rotter:
Ein verklärtes Bild haben sie nicht mehr. Aber eine Bewunderung ist immer noch da. Ob ausgesprochen oder unterschwellig, jedenfalls ist sie noch vorhanden. Es ist eigentlich das neu eskalierende Feindbild des Westens gegenüber dem Islam, das innerhalb der islamischen Welt ein Gegenfeindbild hervorgerufen hat. Und dieses Feindbild Islam ist sehr alt in Europa. Es läßt sich bis ins frühe Mittelalter zurückverfolgen, wo von Sarazenenseuche und ähnlichen Dingen die Rede war. In der islamischen Welt hat man

---

1 Rifa`a al-Tahtawi (1801-1873) stammt aus einer angesehenen Familie Oberägyptens. Nach Studium und Dozententätigkeit an der Azhar Universität in Kairo ging er von 1826 bis 1831 als Mitglied einer ägyptischen Studienmission nach Paris. Die Eindrücke seines Aufenthaltes sind erstmalig 1834 gedruckt erschienen. In deutscher Übersetzung von Karl Stowasser erschienen sie letztmalig 1989 unter dem Titel »Ein Muslim entdeckt Europa« im C. H. Beck Verlag München.

zwar schon Ende des 19. Jahrhunderts, unter dem Einfluß des Kolonialismus und Liberalismus, als man den Westen als Gefahr empfunden hat, ein gewisses Feindbild. Man ist aber zu dieser Zeit selten so weit gegangen, daß man ihn verteufelt hat. Eher versuchte man den Westen dort nachzuahmen, wo man es mit dem Islam für vereinbar hielt. Im Westen ist das Feindbild Islam zwischenzeitlich immer wieder verschüttet worden, konnte und wurde aber bei jeder möglichen Gelegenheit wieder hervorgeholt. Bei uns bildet es das scheinbar verinnerlichte Grundwissen eines jeden Schülers, daß Karl Martell in der Schlacht von Tours und Poitiers angeblich das Abendland gerettet hat. Es gehört genauso zum Lehrplan in Geschichte wie Prinz Eugen, der edle Ritter, der angeblich das Abendland in der Schlacht vor Wien gerettet hat. Und heute hat man manchmal das Gefühl, daß, als es mit dem Feindbild Sowjetunion, das man im Westen sehr lange hatte, vorbei war, man ein neues Feindbild brauchte und suchte. Und das wurde direkt durch den Terror der muslimischen sogenannten Fundamentalisten geliefert.

Ich möchte nochmal zurückkommen auf das Bild der Muslime von Europa. Was bewundern die Muslime denn heute noch an Europa?

Die Bewunderung gilt in erster Linie dem technischen Fortschritt. Bei literarisch Gebildeten kommt noch die freie Ausdrucksmöglichkeit, die Pressefreiheit und die Freiheit des Wortes hinzu. Die Bewunderung für diese Dinge wird man im Orient immer wieder wahrnehmen. Kritik, die vor allem von islamistischer Seite kommt, bezieht sich auf die moralischen Werte, die angeblich nicht mehr vorhanden sind, auf die Vereinzelung des Menschen durch die Zerstörung der Familienstrukturen und vor allem darauf, daß man keine religiösen Werte mehr kennt.

Haben die Muslime nicht auch ein differenziertes Bild von den Europäern? Unterscheiden sie nicht zwischen den verschiedenen Staaten und gesellschaftlichen Gruppen?

Sie müßten sehr stark unterscheiden, aber das ist ja auch in unserer Betrachtung des Islam das Problem. Und damit das, was das Feindbild Islam ausmacht. Im Westen wertet man den Islam pauschal. Er wird oft sogar als identisch mit dem Fundamentalismus angesehen. Das ist natürlich Unsinn. Es gibt genauso säkulare Muslime. Ich würde sie Kulturmuslime nennen, in dem Sinne, wie wir, auch wenn wir Atheisten sind, von unserer Erziehung her Kulturchristen geblieben sind. Bei der derzeitigen Auseinandersetzung sind es gerade diese säkularen Muslime, die mir am meisten leid tun. Sie bekommen vom Westen kaum Unterstützung, weil sie nicht beachtet werden. Und in der islamischen Welt werden sie von fundamentalistischen Kreisen bekämpft.

Was sind die Gründe dafür, daß man in Europa, scheinbar wie in der islamischen Welt, so ein Allgemeinbild von dem jeweils anderen besitzt?

In Deutschland – in Frankreich wird es ganz ähnlich sein – liegt es an der Unkenntnis. Und dies, obwohl der islamische Kulturkreis der uns am nächsten liegende Kulturkreis ist, zu dem es über die Jahrhunderte hinweg, von der Antike an, als der gesamte Mittelmeerraum noch eine Einheit bildete, immer, zum Teil sehr enge Beziehungen gab. Ich denke, daß diese Unkenntnis am Erziehungswesen liegt. Es wird zu wenig Aufklärung über den Islam, über die Religion, die unterschiedlichen religiösen Strömungen, die verschiedenen politischen Bewegungen und so weiter geboten. Damit kann hier kein differenzierteres Bild entstehen. Und genauso ist es natürlich im Orient. Sie werden bei

Muslimen, die den Westen kennengelernt haben, immer ein differenzierteres Bild über den Westen finden, was nicht immer ein positives sein muß, als wenn sie mit Muslimen sprechen, die keinen Kontakt mit der westlichen Kultur hatten.

Dennoch hat es in den letzten Jahren einen verstärkten Austausch gegeben. Ich denke an die vielen Touristen in arabischen Ländern, die Erfahrungen gemacht haben und die eigentlich Multiplikatoren für ein differenzierteres Bild sein könnten. Aber es ist scheinbar so, daß selbst Intellektuelle, die sich zeitweise in der islamischen Welt aufhalten, diese durch die Brille ihrer Vorurteile wahrnehmen?

Touristen haben häufig keine Sprachkenntnisse. Der Kontakt bleibt meistens sehr oberflächlich und beschränkt sich auf den Aufenthalt im Hotel und die Begegnungen, die man dort hat. Etwas schwieriger ist es bei Journalisten. Obwohl es sich wesentlich bessert, hat man leider oft Journalisten in den Orient entsandt, die keinerlei Vorbildung über den Islam hatten und zudem keinerlei Sprachkenntnisse aufweisen konnten. Und die Sprache ist nun einmal die Brücke zwischen den Kulturen. So wie man von einem Orientalen heute verlangt, daß er Englisch oder Französisch kann, müßte eigentlich jemand, der sich mit dem Orient beschäftigt, entsprechende Sprachkenntnisse aufweisen. Denn wirklich verstehen kann man nur etwas, wenn man die entsprechende Sprache kann. Ich habe schon immer dafür plädiert, daß man in den Höheren Schulen bei uns beispielsweise Arabisch als Wahlfach anbietet. Diese Sprache hat im Orient vom Atlantik bis nach Indonesien im Grunde die gleiche kulturelle Bedeutung wie im Mittelalter das Lateinische für die gesamte christliche Welt. Sie ist damit eine der größten Kultursprachen überhaupt. Warum sollte man das Arabische, zumindest als Wahlfach an Höheren Schulen, nicht anbieten können?

Welche Rolle spielt denn die Berichterstattung in den Medien, die seit der iranischen Revolution 1979 quantitativ deutlich zugenommen hat, für das »Feindbild Islam«?

In Deutschland beobachte ich zwei Richtungen der Darstellung. Das eine ist eine Verklärung, ein Exotismus. Das wiederentdeckte exotisch-romantische Bild verklärt den Islam, wobei die negativen Seiten einfach weggedacht werden. Das zweite Extrem ist der fanatische, schießwütige, mordende Islamist, der von manchen Leuten gleichgesetzt wird mit Islam. Beides ist falsch. Damit tut man der islamischen Welt auch keinen Dienst. Man muß sich auch bezüglich des Islam klar darüber sein, daß es in jeder Kultur negative und positive Züge gibt. Aber es gibt eben nicht nur positive und nicht nur negative Züge. Da wäre eine Synthese beider ganz gut.

In der Öffentlichkeit spricht man immer von »dem Islam«, von Orient oder von islamischer Welt. Was genau wird damit bezeichnet? Es ist doch offensichtlich, daß sich in islamischen Ländern unterschiedliche politische, religiöse und gesellschaftliche Entwicklungen vollziehen.

Ich habe darüber ein Buch mit dem Titel »Die islamischen Welten«[2] herausgegeben. Damit wollte ich anzeigen, daß es heute sowohl horizontal wie auch vertikal ganz verschiedene islamische Welten gibt, in denen völlig säkulare Muslime, aber auch extreme, extremistische und militante Islamisten leben. Letztere zwar nicht in allen, sondern nur in einigen Staaten. Das hängt mit den dortigen sozialen und wirtschaftlichen Bedingungen zusammen. Außerdem

2 Gernot Rotter (Hrsg.): »Die islamischen Welten«. Frankfurt a.M. 1993.

gibt es Staaten und Regionen in der islamischen Welt, in denen die Mystik eine große Rolle spielt, also der Volksislam viel stärker wirkt als die offizielle Theologie. Es gibt aber auch Staaten wie Saudi-Arabien, in denen die Mystik verboten ist. Daran sieht man, wie komplex es sein kann, über den Islam zu reden. Ich vermeide es deshalb, von »dem Islam« zu sprechen. Ich hätte, wenn jemand davon spricht, ganz gerne konkret gewußt, welche Schicht und welche Region man meint. Denn der Islam in Indonesien, auch wenn er sich sunnitischer Islam nennt, zu dem sich 80% der Muslime bekennen, ist de facto ein anderer Islam als der in Ägypten, Saudi-Arabien oder in Westafrika.

Der in New York lehrende arabische Vergleichende Literaturwissenschaftler Edward Said[3] nun wirft Europäern und Amerikanern vor, sie würden sich seit 150 Jahren einen imaginären Orient konstruieren, der ein Spiegelbild ihrer eigenen geheimsten Wünsche sei. Inwieweit gilt dieser Vorwurf für die deutsche Orientalistik und Islamwissenschaft?

Die deutsche Orientalistik ist davon auch nicht ganz unbeleckt. Man muß sich fragen, wie jemand dazu kommt, in Deutschland ein Fach wie Islamwissenschaft zu studieren. Oft sind es die Bücher, die man als Jugendlicher gelesen hat, oder die Reisen, die man unternehmen konnte. Dahinter steckt häufig ein gewisser romantischer Zug, von dem ich mich übrigens auch nicht ganz freispreche. Nur ist die Gefahr, daß man, wenn man darauf beharrt und mit dem Orient längere Zeit Kontakt hat, leicht in einen Exotismus verfällt. Will man aber tatsächlich einen Dialog mit den einzelnen Regionen der islamischen Welt, wäre es das falscheste, den Islam exotistisch zu sehen und romantisch zu

3 Edward Said: Orientalismus. Frankfurt a.M. 1981.

verklären. Das würde weder der islamischen Welt noch uns in Europa helfen.

Nun hat aber gerade die Betrachtung des Orients durch Deutsche die Tradition, ihn romantisch-verklärt zu sehen. Die Ursprünge dafür dürften in der romantischen Rezeption des Orients im letzten Jahrhunderts liegen. Aber auch wenn man sich Zeitungsausschnitte aus den 50er und 60er Jahren unseres Jahrhunderts anschaut, in denen über den Orient berichtet wird, ist dieser romantische Blick noch feststellbar. Erst heute, zwanzig, dreißig Jahre später, bemüht man sich, differenzierter über die islamischen Gesellschaften zu berichten. Was waren die Gründe für die Veränderung in der Berichterstattung?

Die Veränderung liegt einerseits in dem veränderten Feindbild, dadurch daß der kommunistische Osten keines mehr bot. Andererseits wird das soziale und wirtschaftliche Dilemma im Nahen Osten vor allem jetzt deutlich wahrgenommen. Früher war es so, daß die Gruppen, die heute den fundamentalistischen Kreisen angehören, sozial gesehen bei den Linken angesiedelt waren. Nehmen Sie als Beispiel die Hisbollah im Libanon. Sie ist eine fast rein schiitische Organisation, die sehr starken Zulauf bei beruflich chancenlosen Jugendlichen hat. Die häufig übrigens ein naturwissenschaftliches, also kein theologisches Studium absolviert haben und nun keine beruflichen Aussichten haben. Hier arbeitet die Hisbollah sehr geschickt, indem sie soziale Einrichtungen schafft, soziale Hilfsdienste einrichtet und so weiter. Das macht natürlich Eindruck. Die ursprünglich linken Schiiten wurden nun fundamentalistisch. Gerade im Libanon gab es sehr viele kommunistische Schiiten, ja fast der größte Teil der kommunistischen Bewegung im Libanon war schiitisch. Mit dem Wegfall der sozialistischen Utopie trat für diese Leute eine große Leere ein. Sie mußten sich etwas Neues suchen und sprühen deshalb heute »al-islam huwa al-hal«, »der Islam ist die Lösung« an die Wände. Man suchte und fand im Islam also einen Ersatz für weggefallene Utopien. In Algerien sieht man, daß man das in einigen Gruppen auch mit Gewalt tut. Im Westen erzeugt diese Tatsache ein allgemeines negatives Bild von der islamischen Welt. Dazu muß man gelegentlich den Medien den Vorwurf machen, immer nur auf die Fundamentalisten, auf die sogenannten militanten Fundamentalisten abzuheben. Die anderen Seiten der islamischen Welt übersieht man. Beispielsweise die Kämpfe säkular orientierter Politiker in der islamischen Welt, ob nun in der Türkei, in Ägypten oder Algerien.

In der öffentlichen Berichterstattung taucht seit einiger Zeit immer wieder der Begriff vom »Zusammenprall der Zivilisationen« auf. Dieser Begriff geht auf den Amerikaner Samuel Huntington[4] und seine These zurück, der Ost-West-Gegensatz sei durch den »Krieg der Zivilisationen« ersetzt worden. Und eine der kriegführenden Parteien sei die islamische Zivilisation, die Europa unversöhnlich gegenüberstehe.

Ich habe schon mehrfach betont, daß ich diese These ausgesprochen gefährlich finde, weil sie zu einer *self fulfilling prophecy* werden könnte. Daß man also so lange über diesen angeblichen Krieg der Kulturen redet, bis er dann tatsächlich eintritt, die Fronten sich dadurch verhärten und ein Dialog irgendwann nicht mehr möglich ist.

Gibt es denn überhaupt schon einen ernsthaften Dialog?

---

4 Unter dem Titel »The Clash of Civilization« erschien Samuel Huntingtons Aufsatz in der Zeitschrift Foreign Affairs (1993/3), S. 22-49.

Es gibt ihn in Ansätzen über die Kirchen. Sie haben in dieser Richtung in letzter Zeit, in den evangelischen Akademien etwa, sehr viel versucht. Auf politischer Ebene muß es den Dialog ohnehin immer wieder geben, weil man aufeinander angewiesen ist. Der Dialog könnte aber verstärkt werden. Zum Beispiel wäre ein Jugendaustausch vorstellbar, wie man ihn mit Amerika oder mit Frankreich hatte, um die Aussöhnung nach dem Krieg herzustellen. Denn ein Krieg zwischen Frankreich und Deutschland ist heute nicht mehr denkbar, allein weil es so viele menschliche Kontakte gibt. Das ist ein banales Beispiel. Aber es hätte eine große Bedeutung, wenn arabische Jugendliche in europäische Familien kämen oder umgekehrt, wenn europäische Jugendliche auch einmal das reale Leben in islamischen Gesellschaften erleben könnten. Dazu muß bei uns aber zunächst einmal eine sprachliche Grundlage geschaffen werden. Im Orient ist sie ja schon vorhanden. Dort werden europäische Sprachen gelehrt, was wichtig ist, um die andere Kultur besser zu verstehen.

Ergibt sich die westliche Wahrnehmung des Orients nicht auch über ein Feindbild, wie es viele gegenüber Ausländern in Deutschland im Kopf haben?

Ja natürlich. Das trägt dazu bei, daß sich das Feindbild verstärkt hat. Es ist die Abschottung, die Angst vor dem Fremden schlechthin. Die rechtsgerichteten Kreise in Deutschland schüren das auch weiter. Es ist Stammtisch-Populismus, was hier getrieben wird. Wenn die Leute denken, das sind Araber, denken sie gleich an die schießwütigen militanten Islamisten in Algerien. Das ist reine Fremdenfeindlichkeit und eine ganz gefährliche Entwicklung bei uns.

Wir kommen immer wieder auf den islamischen Funda-
mentalismus zu sprechen. Vergißt man bei der Berichter-
stattung in Deutschland nicht, daß es auch so etwas wie ei-
nen christlichen und jüdischen Fundamentalismus gibt?

Dies ist zunächst einmal ein religionswissenschaftliches
und religionsgeschichtliches Phänomen. Alle Religionen
können fundamentalistisch werden, wenn sie wollen. Fundamentalismus ist, auch in seiner militanten Ausprägung,
wie man es im Christentum immer wieder erlebt hat, und
der heute in Amerika sehr stark im Vormarsch ist, aber
auch in Rußland, man denke nur an die Marienbruder-
schaft in Moskau, durchaus zu beobachten. Den jüdischen
Fundamentalismus kennen wir aus den Siedlerbewegun-
gen in Israel. Keine Religion ist dagegen gefeit. Das liegt
auch daran, daß diese Religionen mit sogenannten heiligen
Texten operieren. Heilige Texte aber sind normative
Texte. Und normative Texte haben den »Vorteil«, daß sie
wie Steinbrüche gehandhabt werden können. Man kann
sich aus ihnen jeweils den Brocken herausbrechen, den
man gerade für seine eigene Argumentation braucht. Man
muß nur ans Christentum denken, wo man Kriege mit der
Bibel begründen konnte. Genauso wie man daraus eben
auch den heute in den Kirchen verbreiteten Pazifismus begründen kann. So kann man natürlich im Islam Militanz
genauso wie absolute Friedfertigkeit mit dem Koran und
dem Hadith begründen. Religionen, je nach historischer
Situation, bedienen sich einmal jener und einmal der anderen Interpretation.

Nicht nur wegen des islamischen Fundamentalismus wird
die Diskussion über den Islam in Deutschland sehr heftig
geführt. Immerhin leben fast zwei Millionen Muslime hier.
Dennoch kann man sich des Eindrucks nicht erwehren, die
Diskussionen würden ohne die Beteiligten geführt. Ist es

so, daß sich die europäische und auch die bundesrepubli-
kanische Öffentlichkeit abgeschottet hat?

Das kann man so pauschal vielleicht nicht sagen. Gerade
das Gespräch mit Theologen sollte man führen, gerade
deshalb, weil sie ein sehr breites Spektrum vertreten. Radikale Theologen sind sehr selten, eher lehnt man die Militanz ab. Ich sagte vorhin schon, daß die militanten Fundamentalisten keinen theologischen Background haben. Sie
sind keine Absolventen von theologischen Hochschulen.
Die theologischen Hochschulen tragen eher den konservativen *level* innerhalb der Gesellschaft. Anders ist es bei den
Schiiten im Iran.

Welches Bild macht man sich dagegen in Syrien von Eu-
ropa?

Ich kenne es aus Kontakten und Gesprächen: Es ist ein kri-
tisches Bild. Immer stärker wird man sich bewußt, was der
Westen in der Geschichte mit dem Orient angestellt hat.
Das fängt mit den Kreuzzügen an. Obwohl die Araber die
Kreuzfahrer gar nicht als Gefahr, sondern als Barbaren
und als sonst gar nichts angesehen haben, da sie ihnen kul-
turell überlegen waren. Das ist heute anders. Man merkt
häufig einen Minderwertigkeitskomplex, oft zu Unrecht.
So wird einem ein Sündenkatalog aufgezählt, ausgehend
vom Sykes-Picot-Abkommen[5], wo man sich die arabische
Welt aufgeteilt hat, bis heute. Und es kommt dann bei
manchen Leuten tatsächlich zu einer Vorstellung von einer
westlichen »Muamara«, von einer Verschwörung. Das ist
das Hauptproblem eines künftigen Dialoges. Den Muslimen, nicht den säkularen Muslimen, denen muß man das

---

5 Im Sykes-Picot Abkommen von 1916 teilten sich Engländer und Franzosen
  die arabischen Provinzen des Osmanischen Reiches in vier permanente
  Einflußzonen auf.

nicht erklären, aber den gläubigen Muslimen klarzuma-
chen, daß es diese Verschwörung nicht gibt.

*Muß einem Muslim, der in Kairo, Algier, im Libanon oder
in Syrien lebt, gerade wenn er sich die wirtschaftlichen und
politischen Realitäten und die daraus resultierende Domi-
nanz des Westens anschaut, das nicht als Verschwörung
des Westens vorkommen?*

Natürlich. Wenn ein Araber sich die Geschichte der letzten
ein-, zweihundert Jahre im Verhältnis zum Westen ansieht,
dann muß er im Grunde die Vorstellung bekommen, das
sich alle gegen ihn verschworen haben. Manchmal hat
man hier in den Medien durchaus das Gefühl, daß es einen
ungeschriebenen Vertrag zwischen den westlichen Staaten
gegen die arabisch-islamische Welt gibt. Es ist offensichtlich ein Grundkonsens in der Politik, sich mit der arabischen Welt nicht zu verbrüdern, mit Ausnahme der Wirtschaft.

*Aber politisch verbündet man sich ja. Wenn man sich den
letzten Golfkrieg anschaut, als es zu Allianzen kam, die für
denjenigen, der die islamische Welt ein wenig kennt, doch
sehr erstaunlich waren.*

Aber hier ging es um rein machtpolitische, strategische
und vor allem wirtschaftliche Interessen der Amerikaner.
Und Saudi-Arabien, das wird häufig bei uns vergessen, ist
einer der ältesten fundamentalistischen Staaten. Der in Europa aber nie oder nur selten als solcher bezeichnet wird,
weil man ihn zu einem ganz engen und notwendigen Wirt-
schaftsverbündeten hat. Aber die saudischen Herrscher
haben durchaus eine Opposition, übrigens auch eine fundamentalistische Opposition, im Lande, deren sie sich erwehren müssen. Das heißt, die Saudi-Araber müssen Angst

haben um ihre Stabilität. Gerade wenn sie militärisch angegriffen werden. Deshalb haben sie ein Bündnis mit dem Westen.

Abschließend möchte ich noch einmal auf den Ausgangspunkt unseres Gespräches zurückkommen. Wie kann man dem öffentlichen Bild vom Islam als radikal, fundamentalistisch und antiwestlich entgegentreten?

Am besten durch Aufklärung. Das fängt in den Schulen schon an. Dort sollte man über den Islam, über die islamische Welt, über die dortigen politischen Verhältnisse sowie besonders über die islamische Geschichte sprechen. So daß zunächst einmal ein größerer Grundstock an Wissen gelegt wird. Das ist die erste Forderung. Die zweite Forderung ist, daß die Medien stärker darauf achten, daß ihre Berichterstatter einen Grundfundus an Wissen über die Region, die Kultur, die Religion und so weiter haben. Und drittens, daß wirklich ein ernster Dialog geführt wird. Nicht nur mit säkularen Muslimen, sondern auch mit Theologen, damit Verständnis für deren Argumentationsweise entsteht. Auch um wiederum Aufklärung zu schaffen. Vielleicht wird Muslimen dann deutlicher, daß es im Westen nicht nur materialistisch gesinnte Teufel gibt, denen es allein um die Ausbeutung des Öls geht, sondern daß es im Westen auch Menschen gibt, die einen Dialog wollen und für eine Verständigung zwischen den Kulturen eintreten.

Auswahl der Veröffentlichungen

Rotter, Gernot: Die Stellung des Negers in der islamisch-arabischen Gesellschaft bis zum XVI. Jahrhundert. Bonn 1967.

Rotter, Gernot (Hrsg.): Deutsche Orientalistik am Beispiel Tübingens. Tübingen 1974.

Rotter, Gernot: Muslimische Inseln vor Ostafrika. Eine arabische Komorenchronik des 19. Jahrhunderts. Beirut 1976.

Rotter, Gernot: Die Umayyaden und der Zweite Bürgerkrieg (680-692). Wiesbaden 1982.

Rotter, Gernot: Allahs Plagiator. Heidelberg 1992.

Rotter Gernot: Syrien. Edition Erde Reiseführer. München 1995.

Rotter, Gernot/Rotter, Ekkehart: Venus, Maria, Fatima. Wie die Lust zum Teufel ging. Zürich, Düsseldorf 1996.

Außerdem hat Gernot Rotter in der Reihe Bibliothek Arabischer Klassiker übersetzt.

Weiterführende Literatur

Daniel, Norman: Islam and the West. The Making of an Image. Edinburgh 1960.

Klemm, Verena/Hörner, Karin (Hrsg.): Das Schwert des Experten. Peter Scholl-Latours verzerrtes Araber- und Islambild. Heidelberg 1993.

Lewis, Bernard: The Middle East and the West. London 1963.

Die Autorinnen und Autoren

Christoph Burgmer, geb. 1962, arbeitete als Journalist für Rundfunk und Presse. Er studierte Germanistik, Iranistik, Islamwissenschaft, Literaturvermittlung und Medienpraxis in Freiburg, Berlin, Essen, Kairo und Teheran. Er veröffentlichte zahlreiche Artikel zur Literatur und Politik des islamischen Orients.

Baber Johansen, geb. 1936, studierte Soziologie, Islamwissenschaft, Rechts- und Wirtschaftswissenschaften an der FU Berlin und arabische Literatur und Geschichte an der Cairo University. Professor für Islamwissenschaft am Institut für Islamwissenschaft der FU Berlin von 1972 bis 1995. Seit 1995 Directeur d'études an der École des Hautes Études en Sciences Sociales, Paris. Chefredakteur der von Brill (Leiden) herausgegebenen Fachzeitschrift Islamic Law and Society.

Gudrun Krämer, geb. 1953, ist Professorin für Islamwissenschaften an der Freien Universität Berlin. 1972-1981 Studium der Geschichte, Islam- und Politikwissenschaften in Heidelberg, Bonn, Sussex und Hamburg. 1982 bis 1994 Nahostreferentin bei der Stiftung Wissenschaft und Politik in Ebenhausen, 1994-1996 Professorin für Islamwissenschaften in Bonn, Gastprofessorin an der School for Advanced International Studies der Johns Hopkins University, Bologna Centre, und der Fondation Nationale des Sciences Politiques, Paris.

Yann Richard, geb. 1948, ist Professor für Iranistik an der Sorbonne nouvelle, Institut d'études iraniennes, Paris. Er kennt den Iran, wo er vor, während und nach der Revolution arbeitete, seit 1970.

Gernot Rotter, geb. 1941, studierte Islamwissenschaft, Afrikanistik und Vergleichende Religionswissenschaft in Bonn und Köln. 1980-1984 Direktor des Orient-Institutes in Beirut. Seit 1984 Professor für »Gegenwartsbezogene Orientwissenschaft« an der Universität Hamburg.

Annemarie Schimmel, geb. 1922, studierte Orientalistik und Religionsgeschichte in Berlin und Marburg. Ab 1954 Professor für Religionsgeschichte in Ankara, dann ab 1961 Professor und wissenschaftlicher Rat an der Universität Bonn, 1967-1992 Professor für Indo-Muslim Culture an der Harvard University. Zahlreiche Ehrendoktorwürden und Auszeichnungen, darunter das Große Verdienstkreuz, Hilal-i Imtiaz (höchster pakistanischer Zivilorden) und Friedenspreis des Deutschen Buchhandels 1995.

Reinhard Schulze, geb. 1953, ist ordentlicher Professor für Islamwissenschaft in Bern (Schweiz). Er studierte Islamwissenschaft, Romanistik und Linguistik in Bonn. Von 1987-1992 war er Professor für orientalische Philologie an der Universität Bochum, von 1992-1995 Professor für Islamwissenschaft und Arabistik an der Universität Bamberg.

Faruk Şen, geb. 1948, ist Wirtschafts- und Sozialwissenschaftler. Er lebt seit 1971 in der Bundesrepublik Deutschland. Nach dem Studium an der Universität Münster promovierte er über »Türkische Arbeitnehmergesellschaften«. Mehrjährige Erfahrung in der Ausländerforschung. Seit Oktober 1985 leitet er das *Zentrum für Türkeistudien* in Bonn bzw. Essen. Seit 1990 ist er Professor an der Universität Essen.